NOVAS TECNOLOGIAS
versus
EMPREGABILIDADE

Erik Brynjolfsson
Andrew McAfee

NOVAS TECNOLOGIAS
versus
EMPREGABILIDADE

Como a Revolução Digital acelera a Inovação, desenvolve Produtividade e transforma de modo irreversível os Empregos e a Economia

*m.*BOOKS

M.Books do Brasil Editora Ltda.

Rua Jorge Americano, 61 - Alto da Lapa
05083-130 - São Paulo - SP - Telefones: (11) 3645-0409/(11) 3645-0410
Fax: (11) 3832-0335 - e-mail: vendas@mbooks.com.br
www.mbooks.com.br

Dados de Catalogação na Publicação
BRYNJOLFSSON, Erik Novas Tecnologias *versus* Empregabilidade. Como a Revolução Digital acelera a Inovação, desenvolve Produtividade e transforma de modo irreversível os Empregos e a Economia/Erik Brynjolfsson e Andrew McAfee 2014 – São Paulo – M.Books do Brasil Editora Ltda. 1. Novas Tecnologias   2. Tecnologia da Informação TI   3. Recursos Humanos
ISBN: 978-85-7680-234-1

Do original: Race Against the Machine
©2011 Digital Frontier Press

Editor
Milton Mira de Assumpção Filho

Consultor Técnico
Eduardo Favaretto

Tradução
Carolina Caires Coelho

Produção Editorial
Lucimara Leal

Coordenação Gráfica
Silas Camargo

Editoração e Capa
Crontec

2014
Direitos exclusivos cedidos à M.Books do Brasil Editora Ltda.
Proibida a reprodução total ou parcial.
Os infratores serão punidos na forma da lei.

Sumário

1. **A Influência da Tecnologia nos Empregos e na Economia............9**

    Uma Economia que Não Coloca as Pessoas de Volta ao Trabalho...............10

    Para Onde Foram os Empregos?...............12

    Nosso Objetivo: Colocar a Tecnologia em Discussão...............16

    Humanidade e Tecnologia na Outra Metade do Tabuleiro de Xadrez...............19

    Destruição Criativa: e Economia de Acelerar a Tecnologia e Acabar com Empregos...............19

    O que Deve Ser Feito? Receitas e Recomendações...............19

    Conclusão: A Fronteira Digital...............20

2. **Humanidade e Tecnologia na Outra Metade do Tabuleiro de Xadrez............21**

    De Domínio a Domínio, os Computadores Correm à Frente...............22

    A Lei de Moore e a Outra Metade do Tabuleiro de Xadrez...............27

    Informatizando a Economia: o Poder Econômico das Tecnologias Genéricas...............29

    Onde as Pessoas ainda Ganham (pelo Menos por Enquanto)...............32

3. **Destruição Criativa: A Economia da Tecnologia Acelerada e do Fim dos Empregos............38**

    Produtividade em Crescimento...............39

    Renda Média Estagnada...............42

    Como a Tecnologia Pode Destruir Empregos...............47

    A Desigualdade Pode Afetar o Tamanho Geral da Economia...............60

    Pensando no Futuro...............63

    Algumas Conclusões...............65

4. **O que Pode Ser Feito? Prescrições e Recomendações 67**
   Incentivando a Inovação Organizacional 70
   Investindo em Capital Humano 75
   Os Limites para a Inovação Organizacional e Investimento
   no Capital Humano 78
   Em Direção a um Plano de Ação 80
   Educação 80
   Empreendedorismo 81
   Investimento 82
   Regras, Regulamentos e Taxas 83

5. **Conclusão: a Fronteira Digital 86**
   Um Mundo de Benefícios 88

Agradecimentos 93

Autores 95

Notas 97

A meus pais, Ari e Marguerite Brynjolfsson, que sempre acreditaram em mim.

A meu pai, David McAfee, que me mostrou que não existe nada melhor que um trabalho benfeito.

Capítulo 1

A INFLUÊNCIA DA TECNOLOGIA NOS EMPREGOS E NA ECONOMIA

Se os teares tecessem por si sós e os plectros tocassem a cítara, para nada necessitariam os mestres de obra de serventes nem os amos de escravos.

– ARISTÓTELES

Este é um livro sobre como as tecnologias da informação estão afetando os empregos, as habilidades, os salários e a economia. Para entendermos por que esse assunto é essencial, precisamos analisar as estatísticas recentes a respeito do crescimento dos empregos nos Estados Unidos.

No fim do verão de 2011, a economia norte-americana havia chegado a um ponto em que até as notícias ruins pareciam boas. O governo lançou um relatório indicando que 117 mil empregos foram criados em julho. Isso representou uma melhoria em relação a maio e junho, quando menos de 100 mil empregos no total foram criados, portanto, o relatório foi bem recebido. Uma manchete na edição de 6 de agosto do *The New York Times* dizia: "Estados Unidos declaram crescimento sólido de empregos".

Mas, por trás dessas manchetes animadoras, há um problema pungente. Os 117 mil novos empregos não foram suficientes para acompanhar o crescimento populacional, muito menos reempregar os 12 milhões de americanos que perderam o emprego na Grande Recessão de 2007-2009. A economista Laura

D'Andrea Tyson calculou que mesmo se a criação de empregos quase dobrasse, aos 208 mil empregos por mês observados ao longo de 2005, o buraco causado pela recessão só seria fechado em 2023. A criação de empregos no nível observado durante julho de 2011, por outro lado, garantiria apenas uma pequena porcentagem de americanos empregados ao longo do tempo. E em setembro, o governo disse que nenhum emprego novo real foi criado em agosto.

De todas as estatísticas desanimadoras e das histórias que acompanharam a Grande Recessão e sua subsequente recuperação, aquelas relacionadas ao emprego eram as piores. As recessões sempre causam desemprego, claro, mas entre maio de 2007 e outubro de 2009, o desemprego aumentou mais de 5,7 pontos percentuais, o maior aumento no período pós-guerra.

Uma Economia que Não Coloca as Pessoas de Volta ao Trabalho

Um problema ainda maior, no entanto, foi os desempregados não conseguirem encontrar trabalho nem mesmo depois da retomada do crescimento econômico. Em julho de 2011, 25 meses depois de a recessão terminar oficialmente, o índice principal de desemprego nos Estados Unidos permaneceu a 9,1%, menos de um ponto percentual acima do que em seu pior momento. O período médio de desemprego subiu vertiginosamente para 39,9 semanas em meados de 2011, uma duração quase duas vezes tão longa quanto aquela observada durante qualquer período anterior de recuperação pós-guerra. E o índice de participação da força de trabalho, ou a proporção de adultos em idade produtiva com empregos, caiu para menos de 64% – um nível não visto desde 1983, quando as mulheres ainda não tinham entrado na força de trabalho em grande número.

Todos concordaram que esse era um grande problema. O economista Paul Krugman, vencedor do prêmio Nobel, descreveu o desemprego como "um flagelo terrível... uma tragédia sem fim... Como podemos esperar prosperar duas décadas a partir de agora sendo que milhões de jovens formados não têm a chance de iniciar suas carreiras?".

Em entrevista ao *The Atlantic*, Don Peck descreveu o desemprego crônico como "uma peste que lentamente corrói as pessoas, as famílias e, caso se espalhe o suficiente, a base da sociedade. De fato, a história sugere que talvez seja o maior mal da sociedade... Essa era de grande desemprego... pode estragar a política, a cultura, e a personalidade de nossa sociedade por muitos anos". Sua colega Megan McArdle pediu a seus leitores que visualizassem as pessoas que estão desempregadas há muito tempo: "Pensem no que está acontecendo a milhões de pessoas cujas rendas e relações sociais estão exauridas (ou que nunca foram grandes o bastante), que têm cinquenta e poucos anos e ainda não podem se aposentar, mas encontram dificuldade para conseguir um trabalho digno. Pensem nas pessoas que não conseguem sustentar os filhos nem a si mesmas. Pensem no desespero delas".

Vinte e quatro por cento das pessoas que responderam à pesquisa Gallup de junho de 2011 identificaram o desemprego como o maior problema dos Estados Unidos (além dos 36% que identificam, como maior problema, a economia de modo geral).

As estatísticas ruins de desemprego deixaram muitas pessoas confusas porque outras medidas de recuperação dos negócios apareceram logo depois que a Grande Recessão terminou oficialmente, em junho de 2009. O crescimento do PIB foi em média de 2,6% nos sete trimestres depois do fim da recessão, um índice 75% tão alto quanto a média de 1948 a 2007. Os lucros das empresas norte-americanas alcançaram novos recordes. E em 2010, os investimentos em equipamentos e software voltaram aos 95% de seu pico histórico, a recuperação mais rápida de investimento em equipamentos em uma geração.

O histórico econômico ensina que, quando as empresas crescem, ganham dinheiro e compram equipamentos, elas também costumam contratar funcionários. Mas as empresas norte-americanas não voltaram a contratar depois que a Grande Recessão terminou. As taxas de desemprego rapidamente voltaram aos níveis pré-recessão, então, as empresas pararam de demitir. Mas o número de novas contratações continuou extremamente baixo. As empresas compraram novas máquinas, mas não contrataram novos funcionários.

Para Onde Foram os Empregos?

Por que o problema do desemprego tem persistido tanto? Os analistas dão três explicações alternativas: ciclicidade, estagnação e "fim dos empregos".

A explicação cíclica defende que não há nada de novo nem misterioso ocorrendo; o desemprego nos Estados Unidos continua alto simplesmente porque a economia não está crescendo depressa o suficiente para colocar as pessoas de volta ao mercado. Paul Krugman é um dos principais defensores dessa ideia. Como ele escreveu: "Todos os fatos sugerem que o alto índice de desemprego nos Estados Unidos é o resultado de uma demanda inadequada, e ponto final". O ex-diretor de administração e orçamento, Peter Orszag, concorda, escrevendo que "o principal impedimento para fazer com que os norte-americanos sem trabalho voltem a ter emprego é o fraco crescimento". Na explicação cíclica, uma grande queda na demanda, como na Grande Recessão, pode ser seguida por uma recuperação frustrantemente lenta. O que os Estados Unidos têm vivido, em resumo, é mais um caso do ciclo dos negócios em ação, ainda que seja bem doloroso.

Uma segunda explicação para os momentos difíceis de agora vê a estagnação, não a ciclicidade, em ação. A estagnação nesse contexto significa um declínio em longo prazo na capacidade de os Estados Unidos inovarem e aumentarem a produtividade. O economista Tyler Cowen articula essa visão em seu livro de 2010, *The Great Stagnation*.

Estamos fracassando na tentativa de entender por que estamos fracassando. Todos esses problemas têm uma pequena causa: temos vivido de frutos abundantes há pelo menos trezentos anos... Ainda assim, durante os últimos quarenta anos, essa abundância começou a desaparecer, e começamos a fingir que ela continuava existindo. Não reconhecemos que estamos em um plateau tecnológico e as árvores estão menos frutíferas do que gostaríamos de pensar. É isso. É isso o que tem dado errado.

Para apoiar essa visão, Cowen cita a renda média cada vez menor das famílias norte-americanas. A renda média varia, há famílias que ganham mais e outras que ganham menos. O aumento da renda média diminuiu de modo significativo pelo menos 30 anos atrás, e na verdade, caiu durante a primeira década deste século; uma família dos Estados Unidos ganhava menos em 2009 do que em 1999. Cowen atribui essa queda ao fato de a economia ter atingido um "plateau econômico".

Escrevendo para a *Harvard Business Review*, Leo Tilman e o economista vencedor do prêmio Nobel, Edmund Phelps, concordou com esta estagnação: "O dinamismo [dos Estados Unidos] – sua habilidade e tendência a inovar – tem causado inclusão econômica, criando diversos empregos. Também tem trazido prosperidade real – empregos interessantes e desafiadores e carreiras de autorrealização e autodescoberta... [mas] o dinamismo tem diminuído na última década".

O argumento da estagnação não ignora a Grande Recessão, mas também não acredita ser a causa principal da atual recuperação lenta e do grande desemprego. Esses problemas têm outra fonte: uma diminuição nas ideias novas que direcionam o progresso econômico.

Essa diminuição no ritmo começou antes da Grande Recessão. No livro *The Great Stagnation*, Cowen defendeu que, na realidade, tal diminuição tem ocorrido desde os anos 1970, quando o aumento da produtividade norte-americana diminuiu e a renda média das famílias norte-americanas parou de aumentar tão rapidamente quanto no passado. Cowen, Phelps e outros "estagnacionistas" afirmam que apenas os índices mais altos de inovação e de progresso técnico tirarão a economia de seus atrasos atuais.

Segundo uma variante nessa explicação, não é que os Estados Unidos tenham estagnado, mas, sim, que outras nações, como Índia e China, começaram a alcançar o mesmo nível. Em uma economia global, as empresas e os trabalhadores norte-americanos não podem receber bônus se não tiverem maior produtividade do que seus semelhantes em outras nações. A tecnologia tem eliminado muitas das barreiras geográficas e de conhecimento que antes impediam os capitalistas e os consumidores de encontrarem preços mais baixos e produtos mais baratos no mundo. O resultado tem sido uma grande equalização dos valores, como renda e aumento de salário em países em desenvolvimento, forçando para que o trabalho nos Estados Unidos competisse em diversos aspectos. O vencedor do prêmio Nobel, Michael Spence, analisa esse fenômeno e suas implicações pela convergência nos padrões de vida.

A terceira explicação para os atuais problemas de criação de empregos nos Estados Unidos derruba o argumento da estagnação, já que não vê pouco progresso tecnológico recente, mas, sim, muito. Chamaremos esse raciocínio de argumento do "fim dos empregos", por causa do livro de Rifkin de mesmo nome, de 1995. Nele, Rifkin defende uma hipótese corajosa e perturbadora de que "estamos entrando em uma nova fase da história mundial – na qual cada vez menos trabalhadores serão necessários para produzir os artigos e os serviços para a população mundial".

Os computadores causaram essa grande mudança. "Nos próximos anos", escreveu Rifkin, "tecnologias de software mais sofisticadas trarão a civilização mais para perto de um mundo quase sem trabalhadores... Hoje, todos os setores da economia estão passando por um deslocamento tecnológico, forçando milhões de pessoas a enfrentarem o desemprego". Lidar com esse deslocamento, como ele escreveu, "podia ser o maior problema social do próximo século".

O argumento do fim dos empregos tem sido defendido, entre outros, pelo economista John Maynard Keynes, o teorista Peter Drucker, e o vencedor do Prêmio Nobel, Wassily Leontief, que disse em 1983 que "o papel dos seres humanos como o fator mais importante da produção está fadado a diminuir da mesma maneira que o papel dos cavalos na produção agrícola diminuiu e então foi eliminado pela introdução dos tratores". No livro de 2009, *The Lights in the Tunnel*, o executivo de software Martin Ford concordou, afirmando que "em algum momento do futuro – pode ser daqui a muitos anos ou décadas –, as máquinas conseguirão realizar as tarefas de uma grande porcentagem das pessoas 'comuns' em nossa população, e essas pessoas não conseguirão encontrar novos empregos". Brian Arthur diz que uma grande, porém invisível, "segunda economia" já existe na forma de automação digital.

O argumento do fim dos empregos é muito interessante; sempre que sacamos dinheiro de um caixa automático e não com a pessoa que trabalha no caixa do banco, ou sempre que fazemos o *check in* em uma máquina de autoatendimento no aeroporto, temos provas de que a tecnologia substitui a mão de obra humana. Mas os níveis baixos de desemprego nos Estados Unidos nos anos 1980, 1990 e nos primeiros sete anos do novo milênio fizeram muito para acabar com o medo da substituição, e não é um assunto que tem sido tratado na discussão atual a respeito da diminuição do desemprego. Por exemplo, uma matéria de 2010 publicada pelo Federal Reserve Bank, de Richmond, intitulada "The Rise in Long-Term Unemployment: Potential Causes and Implications" ("O aumento no desemprego de longo prazo: possíveis causas e consequências") não tem as palavras *computador*, *hardware*, *software* nem *tecnologia*. Trabalhos parecidos publicados em 2011 pelo Fundo Monetário Internacional, intitulados "New evidence on cyclical and structural sources of unemployment" ("Novas evidências a respeito de fontes cíclicas e estruturais de desemprego") e "Has the Great Recession raised U.S. structural unemployment?" ("A Grande Recessão aumentou o desemprego estrutural nos Estados Unidos?") também não falam sobre a tecnologia. Como o jornalista de tecnologia Farhad Majoo resumiu na revista online *Slate*, "A maioria dos economistas não está levando essas preocupações a sério. A ideia de que os computadores podem atrapalhar de modo significativo o mercado de trabalho de humanos – e, assim, enfraquecer ainda mais a economia global –, por enquanto permanece próxima."

Nosso Objetivo: Colocar a Tecnologia em Discussão

Acreditamos que está na hora de colocar essa ideia em discussão e prestar mais atenção ao impacto da tecnologia nas habilidades, na renda e no emprego. Certamente, concordamos que uma Grande Recessão exige longa recuperação, e que a fraca demanda é a culpada, em grande parte, pela falta de empregos de hoje. Mas a baixa demanda não é tudo. Os estagnacionistas têm razão quando dizem que tendências mais longas e profundas estão em ação. A Grande Recessão as tornou mais visíveis, mas elas têm ocorrido há algum tempo.

Os estagnacionistas estão certos quando dizem que a renda média e outras importantes medidas da saúde econômica norte-americanas deixaram de crescer de modo robusto há algum tempo, mas discordamos deles acerca dos motivos. Eles acreditam que é porque o ritmo da inovação tecnológica diminuiu. Acreditamos que é porque o ritmo aumentou tanto que tem deixado muitas pessoas para trás. Muitos trabalhadores, em resumo, estão perdendo a corrida contra a máquina.

E não são apenas os trabalhadores. O progresso tecnológico – em especial, as melhorias em hardware, software e redes – tem sido tão rápido e tão surpreendente que muitas organizações, instituições, políticas e visões atuais não estão acompanhando. Visto dessa forma, o aumento da globalização não é uma explicação alternativa, mas, sim, uma das consequências do maior poder e ubiquidade da tecnologia.

Então, concordamos que o uso da tecnologia está trazendo grandes mudanças, mas não somos tão pessimistas. Não acreditamos que todos os humanos se tornarão obsoletos. Na verdade, algumas habilidades humanas estão sendo mais valorizadas do que nunca, mesmo em uma época de tecnologias digitais incrivelmente poderosas e fortes. Mas outras habilidades se tornaram inúteis, e as pessoas que possuem tais habilidades perceberam que, agora, têm muito pouco a oferecer aos empregadores. Estão perdendo a corrida contra a máquina, um fato refletido nas estatísticas de emprego de hoje.

Escrevemos este livro porque acreditamos que as tecnologias digitais são uma das forças propulsoras mais importantes da economia hoje. Estão transformando o mundo do trabalho e são peças fundamentais de produtividade e crescimento. Mas o impacto que elas têm nos empregos não é bem compreendido e, sem dúvida, não é de fato valorizado. Quando as pessoas falam sobre os empregos nos Estados Unidos atualmente, falam sobre ciclicidade, terceirização e *off-shoring*, impostos e regras, e sobre o conhecimento e a eficiência de tipos diferentes de estímulos. Não duvidamos da importância de todos esses fatores. A economia é uma entidade complexa e multifacetada.

Mas pouco tem sido dito a respeito do papel da aceleração da tecnologia. Talvez pareça paradoxal que o progresso mais rápido possa prejudicar salários e empregos para milhões de pessoas, mas dizemos que é o que tem acontecido. Como mostraremos, na atualidade, os computadores têm feito coisas que antigamente só eram feitas pelas pessoas. O ritmo e a escala de envolvimento nas habilidades humanas são relativamente recentes e têm profundas implicações econômicas. Talvez, o mais importante disso seja que, ao mesmo tempo em que o progresso digital aumenta, o bolo econômico de modo geral, deixa algumas pessoas, ou mesmo muitas delas, piores.

E os computadores (hardware, software e redes de sistemas) só se tornarão mais poderosos e úteis no futuro, e terão um impacto cada vez maior em empregos, habilidades e na economia. A origem de nosso problema não é estarmos na Grande Recessão, nem na Grande Estagnação, mas, sim, estarmos envolvidos em uma Grande Restruturação. Nossas tecnologias estão muito à frente, mas muitas de nossas habilidades e organizações estão atrás. Então, temos de compreender esse fenômeno urgentemente, discutir suas implicações e criar estratégias que permitam aos trabalhadores humanos se aprimorarem com as máquinas em vez de irem contra elas.

Nos capítulos a seguir, este livro abordará:

A Humanidade e a Tecnologia na Outra Metade do Tabuleiro de Xadrez

Por que os computadores estão à frente das pessoas agora? E o que pode ser feito em relação a isso, se é que algo pode ser feito? O Capítulo 2 aborda a tecnologia digital, dando exemplos de como os desenvolvimentos têm ocorrido e mostrando que eles têm alterado ideias bem estabelecidas a respeito da utilidade dos computadores.

Além disso, o progresso que temos vivido deve trazer avanço ainda maior nos próximos anos. Explicaremos as origens desse progresso e também suas limitações.

A Destruição Criativa: a Economia de Acelerar a Tecnologia e Acabar com Empregos

O Capítulo 3 explora as implicações econômicas desses avanços tecnológicos rápidos e os erros crescentes que criam os vencedores e os fracassados. Concentra-se em três teorias que explicam como esse progresso pode deixar algumas pessoas para trás, ainda que beneficie a sociedade como um todo. Existem divergências entre trabalhadores de maior e de menor habilidade, entre superastros e as pessoas comuns e entre capital e trabalho. Nós mostramos provas de que as três divergências estão ocorrendo.

O que Deve Ser Feito? Receitas e Recomendações

Uma vez que as tendências técnicas e os princípios econômicos ficarem claros, o Capítulo 4 avalia o que podemos e devemos fazer para cumprir os desafios de alto índice de desemprego e outras consequências negativas de nossa atual corrida contra a máquina. Não podemos vencer essa corrida, principalmente porque os computadores se tornam cada vez mais fortes e capazes. Mas podemos aprender uma maneira de *competir com* tais máquinas, usando-as como aliadas e não como adversárias. Discutimos maneiras de colocar esse princípio em prática, concentrando-nos em como acelerar a inovação organizacional e aumentar o capital humano.

Conclusão: A Fronteira Digital

No Capítulo 5, concluímos o livro de modo positivo. Pode parecer estranho falar sobre empregos e economia durante uma época de grande desemprego, estagnação salarial e fraco crescimento do PIB. Mas este livro é basicamente sobre tecnologia digital, e quando analisamos o impacto total de computadores e redes de sistemas, agora e no futuro, nos tornamos muito otimistas. Essas ferramentas estão melhorando muito nosso mundo e nossa vida, e continuarão a fazer isso. Somos fortes otimistas digitais, e queremos convencê-lo a ser um também.

Capítulo 2

HUMANIDADE E TECNOLOGIA NA OUTRA METADE DO TABULEIRO DE XADREZ

Qualquer tecnologia suficientemente avançada não se distingue da mágica.

– ARTHUR C. CLARKE, 1962

Acreditávamos conhecer os pontos fracos e fortes relacionados a computadores e seres humanos. Mas os computadores começaram a abrir caminhos por áreas inesperadas. Esse fato nos ajuda a entender melhor os últimos anos turbulentos e o verdadeiro impacto das tecnologias digitais nos empregos.

Um bom exemplo de como os avanços tecnológicos recentes nos pegaram de surpresa aparece quando comparamos o livro cuidadosamente escrito, publicado em 2004, *The new division of labor* ("A nova divisão da mão de obra), dos economistas Frank Levy e Richard Murnane, com um anúncio feito em 2010. Esse livro descreve as capacidades de computadores e trabalhadores.

No segundo capítulo, "Por que as pessoas ainda são importantes", os autores apresentam um espectro de tarefas de processamento de informação. De um lado, estão as aplicações diretas de regras existentes. Essas tarefas são lógicas, podem ser facilmente automatizadas. Afinal, os computadores são bons em seguir regras.

Do outro lado do espectro de complexidade, estão tarefas de reconhecimento de padrões nas quais as regras não podem ser deduzidas. O livro usa como exemplo, dirigir, e afirma não ser uma tarefa automatizável:

> O... motorista do caminhão está processando um fluxo constante de informação [visual, aural e tátil] o ambiente... Para programar esse comportamento, podemos começar com uma câmera e outros sensores para captar o input sensorial. Mas sair do tráfego envolve muitos fatores, o que torna difícil imaginar qual conjunto de regras pode repetir o comportamento de um motorista...
>
> Articular o conhecimento [humano] e reproduzi-lo em um software para todas as situações, menos para aquelas altamente estruturadas é, atualmente, tarefa extremamente difícil... os computadores não conseguem, com facilidade, substituir os humanos [em empregos como o de motorista de caminhão].

Os resultados do primeiro DARPA Grand Challenge, realizado em 2004, confirmam a conclusão de Levy e Murnane. O desafio era construir um veículo sem motorista, que pudesse percorrer uma rota de 800 quilômetros pelo deserto de Mohave. O veículo "vencedor" não conseguiu fazer nem 12 quilômetros no percurso e demorou horas para percorrê-los.

De Domínio a Domínio, os Computadores Correm à Frente

Apenas seis anos depois, no entanto, dirigir deixou de ser um exemplo de tarefa que não podia ser automatizada. Em outubro de 2010, o Google anunciou, em seu blogue oficial, que havia

Novas Tecnologias versus Empregabilidade ◆ 23

modificado uma frota de carros Toyota Prius a ponto de eles se tornarem carros totalmente autônomos, que haviam percorrido mais de 1.600 quilômetros em estradas norte-americanas sem qualquer direção de seres humanos, e mais de 230 mil quilômetros com apenas pequenos ajustes para a pessoa sentada diante do volante. (Para obedecer às leis de trânsito, o Google acreditava que era preciso ter uma pessoa ao volante o tempo todo).

Levy e Murnane estavam corretos ao afirmar que a direção automatizada em estradas movimentadas é uma tarefa extremamente difícil, e não é fácil construir um computador que possa substituir a percepção humana e a combinação de padrões nesse domínio. Não é fácil, mas também não é impossível. Esse desafio já foi vencido.

Os tecnólogos do Google fizeram certo ao não tomar atalhos para os desafios relacionados por Levy e Murnane, preferindo encará-los de frente. Usaram enormes quantidades de dados coletados do Google Maps e do Google Street View para fornecer o máximo de informação a respeito das estradas nas quais seus carros viajavam. Seus veículos também coletam enormes volumes de dados em tempo real, usando vídeo, radar e equipamento LIDAR (detecção de luz e distância) instalado no carro; esses dados eram alimentados no software que leva em consideração as regras da estrada, a presença, a trajetória, e a possível identificação de todos os objetos próximos, das condições de direção, e assim por diante. Esse software controla o carro e provavelmente oferece mais consciência, vigilância e reação rápida que qualquer motorista humano poderia oferecer. O único acidente com os veículos do Google ocorreu quando um carro sem motorista foi atingido na traseira por um carro guiado por um motorista humano ao parar em um farol.

Nada disso é fácil. Mas em um mundo de muitos dados precisos, sensores poderosos e enorme capacidade de armazenamento e de processamento, é possível. É o mundo em que vivemos agora. É um mundo no qual os computadores avançam depressa a ponto de suas capacidades ultrapassarem o domínio da ficção científica e passarem a fazer parte do dia a dia ao longo da vida, da carreira ou em apenas poucos anos.

Levy e Murnane citam a comunicação complexa como outro exemplo de uma capacidade humana muito difícil de ser imitada pelas máquinas. A comunicação complexa envolve conversar com um ser humano, principalmente em situações complicadas, emocionais ou ambíguas. A evolução "programou" as pessoas para fazerem isso sem esforço, mas é muito difícil programar computadores para fazer a mesma coisa. A tradução de um idioma para outro, por exemplo, é um dos objetivos de pesquisadores das ciências da computação, mas o progresso tem sido lento porque as gramáticas e os vocabulários são muito complicados e ambíguos.

Mas em janeiro de 2011, a empresa de serviços de tradução Lionbridge, apresentou aos clientes o GeoFluent, uma tecnologia desenvolvida em parceria com a IBM. O GeoFluent pega as palavras escritas em um idioma, como em mensagens de chat online de um cliente procurando ajuda para resolver um problema, e as traduz de modo exato e imediatamente para outro idioma, como aquele falado por um representante do atendimento ao cliente de outro país.

O GeoFluent se baseia em um software de tradução por máquina desenvolvido no Thomas J. Watson Research Center, da IBM. Esse software é melhorado pelas bibliotecas digitais da Lionbridge de traduções anteriores. Essa "memória de tradução" torna o GeoFluent mais preciso, especialmente para o tipo de conversa que as empresas grandes de alta tecnologia podem ter com clientes e outras pessoas. Uma dessas empresas testou a qualidade das traduções automáticas do GeoFluent, de textos de bate-papo. Tais mensagens, que eram sobre os produtos e serviços da empresa, foram enviadas por clientes chineses e espanhóis a funcionários que falavam inglês. O GeoFluent traduziu as conversas instantaneamente, apresentando-as no idioma nativo de quem as recebeu. Quando a sessão terminou, os clientes e funcionários tiveram que responder se as mensagens traduzidas automaticamente eram úteis – se eram suficientemente claras para permitir que as pessoas conseguissem agir. Aproximadamente 90% deles disseram que sim. Nesse caso, a tradução automática foi boa o suficiente para os propósitos do negócio.

O carro sem motorista do Google mostra até que ponto e com que rapidez as habilidades de reconhecimento de padrões digitais se desenvolveram recentemente. O GeoFluent, da Lionbridge, mostra quanto progresso tem sido feito na capacidade de os computadores criarem uma comunicação complexa. Outra tecnologia desenvolvida nos laboratórios Watson da IBM, chamada Watson, mostra o resultado de se combinar essas duas habilidades e até que ponto os computadores avançaram recentemente em um território tido como unicamente humano.

Watson é um supercomputador feito para o popular jogo Jeopardy!, no qual os jogadores respondem a uma série de perguntas sobre diversos assuntos que não são conhecidos com antecedência.[1] Em muitos casos, essas perguntas envolvem trocadilhos e outros tipos de jogos de palavra. Pode ser difícil entender o que está sendo abordado ou como uma pergunta deve ser feita. Jogar Jeopardy!, em resumo, exige a habilidade de se envolver em uma comunicação complexa.

O modo com o Watson joga exige grandes padrões de combinação. O supercomputador tem sido alimentado com centenas de milhões de documentos digitais não relacionados, incluindo

---

[1] Para ser mais preciso, os competidores de Jeopardy! são mostrados e devem fazer perguntas que produzam essas respostas.

enciclopédias e outros livros de referência, matérias de jornal e até a Bíblia. Quando recebe uma pergunta, imediatamente passa a trabalhar para entender o que está sendo abordado (usando algoritmos direcionados e envolvidos em comunicação complexa), e então começa a procurar em muitos documentos para encontrar e relacionar padrões para a resposta. Watson trabalha com muita meticulosidade e velocidade, como o gerente de pesquisa da IBM, Eric Brown, explicou em uma entrevista:

> Começamos com uma única dica, que analisamos, e então passamos por uma fase de geração de candidatos, que ocorre em diversas pesquisas diferentes, e cada uma produz cerca de 50 resultados de pesquisa. Desse modo, cada resultado de pesquisa pode produzir diversas respostas, e então, depois de gerarmos todas as respostas de nossos candidatos, pode ser que tenhamos de trezentas a quinhentas perguntas para a dica.
>
> Todas essas respostas podem ser processadas de modo independente e paralelo, de maneira que eles passem a dispor de análise de pontuação das respostas para os cálculos. Em seguida, realizamos mais pesquisas para as respostas a fim de reunirmos mais evidência, e fizemos uma análise profunda em cada evidência, de modo que cada resposta possível possa gerar 20 partes de evidência para reforçar aquela resposta.
>
> Toda essa evidência pode ser analisada de modo independente e paralelo. Agora, há evidências sendo profundamente analisadas... e então, toda essa análise produz pontos que acabam se misturando, usando uma estrutura de aprendizado por máquina para medir a pontuação e produzir uma ordem final para as respostas possíveis, além da certeza final nelas. E então, é o que aparece no fim.

O resultado final é tão rápido e certeiro que nem mesmo os melhores jogadores de Jeopardy! conseguem acompanhar. Em fevereiro de 2011, Watson jogou em um torneio televisionado contra os dois concorrentes mais bem-sucedidos na história do programa. Depois de duas rodadas do jogo mostradas ao longo de três dias, o computador ganhou três vezes mais dinheiro que o concorrente humano mais próximo. Um desses concorrentes, Ken Jennings, reconheceu que as tecnologias tinham dominado o jogo de Jeopardy! Logo depois de sua resposta à última pergunta do torneio, ele acrescentou: "Dou as boas-vindas aos nossos novos soberanos".

A Lei de Moore e a Outra Metade do Tabuleiro de Xadrez

De onde vieram esses soberanos? Como a ficção científica se tornou uma realidade de negócios tão depressa? Dois conceitos são essenciais para entendermos esse progresso notável. O primeiro e mais bem conhecido é a lei de Moore, uma expansão de uma observação feita por Gordon Moore, cofundador da fabricante de microprocessadores Intel. Em uma matéria de 1965, na *Eletronics Magazine*, Moore percebeu que o número de transistores em um circuito integrado de custo mínimo vinha dobrando a cada 12 meses, e previu que esse mesmo índice de melhoria continuaria constante no futuro. Com isso, nasceu a Lei de Moore.

Modificações ocorridas posteriormente mudaram o tempo exigido para que a duplicação ocorresse; o período que costuma ser mais aceito, no momento, é de 18 meses. Variações da Lei de More têm sido aplicadas à melhoria, com o tempo, na capacidade do *disk drive*, resolução do display e largura da banda da rede. Nesse e em muitos outros casos de melhoria digital, a duplicação acontece de modo rápido e consistente.

Também parece que o software progride na mesma rapidez que o hardware, pelo menos em alguns domínios. O cientista de informática, Martin Grötschel, analisou a velocidade com que o problema da otimização-padrão poderia ser resolvido por computadores no período de 1988 a 2003. Ele documentou uma melhoria de 43 milhões, que dividiu em dois fatores: processadores mais rápidos e melhores algoritmos usados no software. As velocidades de processamento melhoraram mil vezes, mas esses ganhos foram diminuídos pelos algoritmos, que ficaram 43 mil vezes melhor durante o mesmo período.

O segundo conceito relevante para entender os avanços da informática está muito relacionado à Lei de Moore. Vem de uma história antiga sobre matemática que se tornou relevante no momento atual pelo inovador e futurista Ray Kurzweil. Em uma versão da história, o inventor do jogo de xadrez mostra sua criação para o líder de seu país. O imperador fica tão encantado com o jogo que permite ao inventor escolher sua própria recompensa. O homem sábio pede que uma quantidade de arroz seja distribuída da seguinte maneira: um grão de arroz é colocado sobre o primeiro quadrado do tabuleiro, dois grãos no segundo, quatro no terceiro e assim por diante, de modo que cada quadrado receba o dobro de grãos do anterior.

O imperador concorda, pensando que sua recompensa foi pequena demais. Mas, por fim, ele vê que os resultados sempre em dobro acabam resultando números altos. O inventor acaba com $2^{64}-1$ grãos de arroz, ou uma pilha mais alta do que o Monte Everest. Em algumas versões da história, o imperador fica tão descontente por ser enganado que degola o inventor do jogo de xadrez.

Em seu livro de 2000, *The Age of Spiritual Machines: When Computers Exceed Human Intelligence*, Kurzweil percebe que o monte de arroz não é tão grande na primeira metade do tabuleiro:

> Depois de trinta e duas casas, o imperador havia dado ao inventor cerca de 4 milhões de grãos de arroz. É uma quantidade razoável – cerca de um campo grande e cheio –, e o imperador começou a tomar conhecimento. Mas o imperador podia conti-

nuar sendo um imperador. E o inventor pôde manter a liderança. Mas, quando passaram para a outra metade do tabuleiro de xadrez, pelo menos um deles teve problemas.

O que Kurzweil disse é que o dobro constante, refletindo um crescimento exponencial, é ilusório, porque é inicialmente desconsiderado. Os aumentos exponenciais, inicialmente, pareciam muito com os lineares, mas não são. Conforme o tempo passa – conforme passamos para a outra metade do tabuleiro –, o crescimento exponencial confunde nossa intuição e expectativas. Vai muito além do crescimento linear, atraindo pilhas de arroz do tamanho do Everest e computadores que conseguem realizar tarefas que, antes, eram impossíveis.

Então, onde estamos na história do uso dos computadores nos negócios? Estamos na segunda metade do tabuleiro? É uma pergunta impossível de se responder precisamente, claro, mas uma estimativa razoável traz uma conclusão confusa. O U.S. Bureau of Economic Analysis acrescentou "Tecnologia de Informação" como categoria de investimento em 1958, então, vamos usar esse como nosso ano de partida. E vamos usar os 18 meses-padrão como o período de duplicação da Lei de Moore. Trinta e duas duplicações, então, nos levam a 2006 e à segunda metade do tabuleiro de xadrez. Avanços, como o carro automático do Google, o supercomputador campeão do Jeopardy! e a máquina de tradução instantânea de alta qualidade, então, podem ser vistos como os primeiros exemplos dos tipos de inovação digital que veremos conforme vamos à segunda parte – para a fase em que o crescimento exponencial atrai resultados de cair o queixo.

Informatizando a Economia: o Poder Econômico das Tecnologias Genéricas

Esses resultados serão sentidos quase em todas as tarefas, trabalhos e indústrias. Tamanha versatilidade é o elemento-chave das tecnologias genéricas (GPTs), termo que os economistas dão a um pequeno grupo de inovações tecnológicas tão forte que interrompem e aceleram a marcha normal do progresso econômico. O vapor, a eletricidade e os motores de combustão interna são exemplos de GPTs anteriores.

É difícil enfatizar a importância delas. Como dizem os economistas Timothy Bresnahan e Manuel Trajtenberg:

> Áreas inteiras de progresso técnico e crescimento econômico parecem ser guiadas pelas GPTs, [que são] caracterizadas pela difusão (são usadas como informações por muitos setores menores), potencial inerente para as melhorias técnicas, e "complementaridades inovadoras", ou seja, a produtividade de R&D em setores inferiores aumenta como consequência da inovação na GPT. Assim, conforme as GPTs melhoram, elas se espalham pela economia, causando ganhos generalizados de produtividade.

As GPTs, então, não apenas melhoram com o tempo (e como mostra a Lei de Moore, pode-se dizer isso dos computadores), elas também levam a inovações complementares nos processos, empresas e nas indústrias que as usam. Levam, em resumo, a uma série de benefícios amplos e profundos.

Os computadores usam a GPT de nossa era, principalmente quando combinada com as redes e as chamadas "tecnologias de informação e comunicações" (TIC). Os economistas Susanto Basu e John Fernald destacam que a GPT permite lucros como sempre.

A disponibilidade de capital de TIC permite que as empresas utilizem outras informações de maneira radicalmente diferente e que melhoram a produtividade. Ao fazer isso, computadores e equipamentos de comunicação baratos podem criar uma sequência em constante expansão de invenções complementares em setores que usam a TIC.

Perceba que as GPTs não beneficiam apenas o setor doméstico. Os computadores, por exemplo, aumentam a produtividade não apenas no setor de alta tecnologia, mas também em todos aqueles que adquirem e usam equipamentos digitais. E hoje, isso quer dizer, essencialmente, todos os setores; mesmo os com menor uso de tecnologia da informação nos Estados Unidos, como a agricultura e a mineração, estão agora gastando bilhões de dólares todos os anos para digitalizá-los.

Perceba também as palavras usadas por Basu e Fernald: os computadores e as redes trazem um conjunto *cada vez maior* de oportunidades às empresas. A digitalização, em outras palavras, não é um único projeto que oferece benefícios únicos, mas, sim, um processo constante de destruição criativa; os inovadores usam as tecnologias novas e estabelecidas para criar mudanças profundas no nível da tarefa, do trabalho, do processo e até da organização em si. E essas mudanças constroem e alimentam umas às outras para que as possibilidades oferecidas realmente cresçam sempre.

Isso tem ocorrido desde que os negócios começaram a usar computadores, mesmo quando estávamos parados na frente do tabuleiro de xadrez. O computador pessoal, por exemplo, democratizou a computação no começo dos anos 1980, colocando o poder do processamento nas mãos de mais e mais funcionários. Em meados dos anos 1990, duas grandes inovações apareceram: a World Wide Web e o software de negócios em larga escala, como os sistemas de Enterprise Resource Planning (ERP) e Customer Relationship Management (CRM). O primeiro deu às empresas a capacidade de entrar em novos mercados e canais de vendas, e também disponibilizou mais do conhecimento do mundo do que já tinha sido possível antes; o segundo permitiu às firmas refazer seus processos, monitorar e controlar operações difundidas, e reunir e analisar muitos dados.

Esses avanços não expiram nem desaparecem com o tempo. Na verdade, eles são combinados e se incorporam em novos e antigos, e os benefícios continuam se acumulando. A World Wide Web, por exemplo, tornou-se muito mais útil para as pessoas quando o Google facilitou a pesquisa, e uma nova onda de aplicativos sociais, locais e móveis está aparecendo. Os sistemas CRM passaram a ser usados nos smartphones de modo que os vendedores possam permanecer conectados na estrada, e os tablets agora oferecem muito da funcionalidade dos PCs.

As inovações que estamos começando a ver na segunda metade do tabuleiro também se tornarão trabalho constante de invenção de negócios. Na verdade, já aconteceu. O GeoFluent, da Lionbridge, tem rendido tradução automática às interações entre clientes. A IBM está trabalhando com a Columbia University Medical Center e a University of Maryland School of Medicine para adaptar o sistema Watson ao trabalho de diagnóstico médico, anunciando uma parceria nessa área com o software de reconhecimento de voz Nuance. E a legislação do estado de Nevada direcionou seu departamento de veículos para criar leis para veículos autônomos nas estradas do Estado. Claro, é uma pequena amostra das inovações possibilitadas pela tecnologia da informação que está transformando o setor de manufatura, distribuição, revenda, mídia, finanças, leis, medicina, pesquisa, administração, marketing e quase todos os outros setores econômicos.

Onde as Pessoas ainda Ganham (pelo Menos por Enquanto)

Apesar de os computadores estarem entrando em território antes ocupado apenas por pessoas, como reconhecimento avançado de padrões e comunicação complexa, por enquanto, os seres humanos ainda são a maioria nessas áreas. Médicos experientes, por exemplo, fazem diagnósticos comparando o conhecimento médico que acumularam com os resultados de exames laboratoriais e descrições de sintomas, e também empregando as habilidades avançadas de reconhecimento de padrões inconscientes que chamamos de "intuição". (*Esse paciente parece estar escondendo alguma coisa? Parece saudável ou há algo de diferente no tom de sua pele ou no nível de energia?*). De modo parecido, os melhores terapeutas, gerentes e vendedores são ótimos em interagir e em se comunicar uns com os outros, e suas estratégias para reunir informação e influenciar comportamentos podem ser incrivelmente complexas.

Mas também é verdade, como os exemplos deste capítulo mostram, que conforme avançamos para a outra metade do tabuleiro, os computadores estão ficando melhores nessas duas habilidades. Estamos começando a ver evidências de que esse progresso digital está afetando o mundo dos negócios. Um artigo de março de 2011, de John Markoff, para o *The New York Times*, destacou como as habilidades de reconhecimento de padrões dos computadores já estão sendo exploradas pelo setor jurídico no qual, de acordo com uma estimativa, passar do trabalho humano ao digital durante o processo de descoberta poderia fazer com que um advogado realizasse o trabalho de 500.

Em janeiro, por exemplo, a Blackstone Discovery de Palo Alto, Califórnia, ajudou a analisar 1,5 milhão de documentos por menos de $100 mil...

"Do ponto de vista jurídico, isso quer dizer que muitas pessoas que costumavam realizar a revisão de documentos não podem mais ser cobradas", disse Bill Herr, que, por ser advogado em uma grande empresa química, costumava reunir advogados para ler documentos durante semanas a fio. "As pessoas ficam entediadas, sentem dor de cabeça. Os computadores, não."

Os computadores parecem ser bons em sua nova tarefa... Herr usou um software e-discovery para analisar novamente o trabalho que os advogados de sua empresa realizaram nos anos 1980 e 1990. Seus colegas humanos acertaram apenas cerca de 60%, ele descobriu. "Pense em quanto dinheiro foi gasto para que o resultado fosse apenas um pouco melhor do que um 'chute'", disse ele.

E uma matéria do mesmo mês no *Los Angeles Times*, Alena Semuels destacou que, apesar de o fechamento de uma venda costumar exigir comunicação complexa, o setor tem se tornado automatizado rapidamente.

Em um setor que emprega aproximadamente 1 em 10 norte-americanos e tem sido um sólido gerador de empregos, as empresas estão procurando, cada vez mais, criar mais produtos com menos funcionários... assistentes virtuais estão tomando o lugar de representantes de serviços de atendimento ao consumidor. Quiosques e máquinas de autoatendimento têm diminuído a necessidade de atendentes.

Máquinas agora vendem iPods, roupas de banho, moedas de ouro, óculos e lâminas de barbear; algumas até vendem remédios com receita e maconha medicinal a consumidores dispostos a passar por um scanner de digitais. E os consumidores podem encontrar informação em quiosques com telas *touch screen*, em vez de conversar com atendentes...

As [máquinas] custam uma fração das lojas com atendentes. Elas também refletem a mudança nos hábitos de compra dos consumidores. O comércio online fez os norte-americanos ficarem à vontade com a ideia de comprar todos os tipos de produtos sem a ajuda de um vendedor ou atendente.

Durante a Grande Recessão, aproximadamente 1 em 12 pessoas que trabalhavam com vendas nos Estados Unidos perdeu seu emprego, acelerando uma tendência que começou muito tempo antes. Em 1995, por exemplo, 2,08 pessoas estavam empregadas em vagas de "vendas e afins" para cada $1 milhão do PIB real gerado naquele ano. Em 2002 (o último ano no qual dados constantes podem ser conferidos), esse número havia caído para 1,79, uma queda de quase 14%.

Se, como esses exemplos indicam, a comunicação complexa e o reconhecimento de padrões são agora tão bons para a automação, as habilidades humanas estão imunes? As pessoas têm vantagem sustentável comparativa à medida que avançamos mais a fundo na segunda metade do tabuleiro de xadrez? Do aspecto físico, parece que sim, por enquanto. Os robôs humanoides ainda são bem primitivos, com poucas habilidades motoras e o "hábito" de rolar escada abaixo. Então, tudo indica que jardineiros e ajudantes de garçons não correm o risco de serem substituídos por máquinas em breve.

Além disso, muitos trabalhos braçais também exigem habilidades mentais avançadas; encanadores e enfermeiros lidam intensamente com reconhecimento de padrões e solução de problemas ao longo do dia, além disso os enfermeiros também estabelecem comunicação complexa com colegas e pacientes. A dificuldade de automatizar o trabalho nos lembra de uma frase atribuída a um relatório de 1965, da NASA, defendendo o voo espacial com seres humanos: "O homem é o sistema de computação de menor custo, pesa cerca de 80 quilos, é um sistema computacional não linear que serve para todos os propósitos e pode ser produzido em massa por mão de obra não profissionalizada".

Mesmo no aspecto do trabalho mental — empregos que não têm um componente físico —, há muitos territórios importantes que os computadores ainda não começaram a cobrir. Em seu livro de 2005, *The Singularity is Near: When Humans Transcend Bio-*

logy, Ray Kurzweil prevê que os computadores do futuro "englobarão... os poderes de reconhecimento de padrões, habilidades de solução de problemas e inteligência moral e emocional do cérebro humano em si", mas por enquanto, apenas a primeira dessas habilidades foi demonstrada. Os computadores, até agora, se mostraram grandes reconhecedores de padrões, mas não são bons para resolver problemas de modo geral; os supercomputadores da IBM, por exemplo, não podem aplicar o que aprenderam a respeito do xadrez no Jeopardy! ou em qualquer outro desafio até serem refeitos, reprogramados e alimentados com dados diferentes por parte de seus criadores humanos.

E apesar de todo o poder e velocidade, as máquinas digitais de hoje têm mostrado pouca habilidade criativa. Não conseguem compor canções muito boas, não conseguem escrever bons romances nem gerar boas ideias para novos negócios. As exceções claras aqui apenas provam a regra. Alguém, fazendo uma brincadeira, usou um gerador online de resumos de trabalhos de ciências da computação para criar um trecho que foi para uma conferência técnica (na verdade, os organizadores convidaram o "autor" para uma palestra), mas o resumo foi, simplesmente, uma série de termos técnicos relacionados e unidos por alguns conectivos verbais.

De modo parecido, o software que gera automaticamente resumos de jogos de beisebol funciona bem, mas isso porque grande parte dos textos sobre esportes segue uma espécie de fórmula e, assim, tem padrões e uma comunidade mais simples. Aqui está uma amostra de um programa chamado StatsMonkey:

UNIVERSITY PARK — Um esforço incrível de Willie Argo levou o Illini a uma vitória de 11x5 contra o Nittany Lions no sábado, no Medlar Field.

Argo marcou dois pontos para o Illinois. Ele marcou 3-4 no jogo com cinco assistências e dois pontos marcados.

O atacante do Illini, Will Strack, lutou, marcando cinco pontos em seis tentativas, mas a defesa não permitiu os avanços e garantiu a vitória para o Illini.

A diferença entre a geração automática de fatos e informações reais ainda é significativa, como deixa clara a história de uma prova de 60 anos. O matemático e pioneiro da ciência da computação, Alan Turing, refletiu sobre a questão a respeito das máquinas, se elas conseguiam pensar "algo com sentido que merecesse discussão", mas em 1950, ele propôs um teste para determinar até que ponto uma máquina podia se assemelhar a um ser humano. O "teste de Turing" envolve uma prova em grupo com pessoas conversando online com duas entidades, uma humana e a outra um computador. Se os membros do grupo de teste não souberem, de modo geral, dizer qual entidade é a máquina, então, a máquina passa no teste.

O próprio Turing previu que até 2000, os computadores se distinguiriam das pessoas em 70% das vezes em seu teste. No entanto, no prêmio Loebner, uma competição anual realizada desde 1990, o prêmio de $25 mil para um programa de chat que possa convencer metade dos juízes a respeito de sua humanidade ainda não teve ganhador. Por mais avançados que os computadores possam ser no momento, ainda não são convincentemente humanos.

Mas como os exemplos deste capítulo deixam claro, os computadores agora estão demonstrando habilidades e capacidades que costumam ser apenas de trabalhadores humanos. Essa tendência será acelerada à medida que avançarmos na segunda metade do tabuleiro. Quais são as implicações econômicas desse fenômeno? Observaremos esse tópico no próximo capítulo.

Capítulo 3

Destruição Criativa: A Economia da Tecnologia Acelerada e do Fim dos Empregos

Estamos sendo afetados por uma nova doença a respeito da qual os leitores ainda podem não ter ouvido, mas sobre a qual ouvirão falar muito nos próximos anos – precisamente, o desemprego causado pela tecnologia. Ou seja, o desemprego devido à descoberta de meios de se economizar o uso de mão de obra está ultrapassando o ritmo com o qual podemos encontrar novas maneiras de usá-la.

– John Maynard Keynes, 1930

As tecnologias individuais e a aceleração tecnológica mais ampla discutidas no Capítulo 2 têm criado muito valor. Não há dúvidas de que elas aumentam a produtividade e, assim, nossa riqueza, de modo geral. Mas, ao mesmo tempo, o computador, como todas as tecnologias, exige inovação paralela em modelos de negócios, estruturas de processos organizacionais, instituições e habilidades. Esses bens intangíveis, que comprometem tanto o capital organizacional quanto o humano, costumam ser ignorados em balanços de empresas e em estatísticas oficiais, mas são tão essenciais quanto o hardware e o software.

E é esse o problema. As tecnologias digitais mudam depressa, mas as organizações e as habilidades não estão acompanhando o ritmo. Assim, milhões de pessoas são deixadas para trás. Suas rendas e empregos estão sendo destruídos, deixando-as com menos poder de compra do que antes da revolução digital. Enquanto a base de nosso sistema econômico presume um elo forte entre a criação de valor e de empregos, a Grande Recessão revela o enfraquecimento ou rompimento desse elo. Não é apenas um fato do ciclo de negócios, mas, sim, o sintoma de uma mudança estrutural mais profunda na natureza da produção. À medida que a tecnologia avança na outra metade do tabuleiro, os desencontros econômicos também serão acelerados, prejudicando nosso contrato social e atingindo ricos e pobres, não apenas as primeiras ondas de desempregados.

A economia de tecnologia, produtividade e emprego está abrindo espaço para discussões e, aparentemente, está repleta de paradoxos. Como tamanha criação de valor e tanto prejuízo econômico podem coexistir? Como as tecnologias podem acelerar enquanto as rendas estagnam? Esses paradoxos aparentes podem ser resolvidos com a combinação de princípios econômicos bem compreendidos e a noção de que existe uma incongruência crescente entre as tecnologias digitais, em rápido crescimento, e os seres humanos, que demoram a mudar.

Produtividade em Crescimento

Na crescente estatística econômica: desemprego, inflação, comércio, problemas de orçamento, circulação de dinheiro e assim por diante, uma questão se destaca: o aumento da produtividade. A produtividade é a quantidade de resultado pela unidade de esforço. Em especial, a produtividade da mão de obra pode ser medida como resultado por trabalhador ou resultado por hora trabalhada. Em longo prazo, o aumento da produtividade é quase o único fator que importa para garantir padrões de vida mais elevados. Robert Solow recebeu o prêmio Nobel por mostrar que o crescimento econômico não vem de pessoas que trabalham mais, mas que trabalham de modo mais inteligente. Isso quer dizer usar as novas tecnologias e as novas técnicas de produção para criar mais valor, sem aumentar a mão de obra, o capital e outros recursos usados.

Até mesmo alguns pontos percentuais de aumento de produtividade por ano podem levar a maiores diferenças no acúmulo de bens ao longo do tempo. Se a produtividade da mão de obra crescer a 1%, como aconteceu na maior parte dos anos 1800, então, são necessários cerca de 70 anos para que as condições de vida dupliquem. No entanto, se crescer a um ritmo de 4% ao ano, como cresceu em 2010, então, os padrões de vida se tornam 16 vezes mais altos depois de 70 anos. Enquanto 4% de crescimento é incrível, a boa notícia é que a última década foi muito boa para o crescimento da produtividade — a melhor desde os anos 1960. A média de mais de 2,5% de crescimento por ano é muito melhor do que a dos anos 1970 e 1980, e quase também que a dos 1990 (veja a Figura 3.1). Além disso, pode-se dizer que existe um consenso entre os economistas a respeito da fonte da explosão da produtividade desde meados de 1990: a tecnologia da informação.

Apesar de as estatísticas de produtividade oficiais serem otimistas, estão longe de ser perfeitas. Não indicam muito bem qualidade, variedade, tempo, atendimento ao cliente ou outros aspectos de resultado difíceis de medir. Apesar de sacas de trigo e toneladas de aço serem relativamente fáceis de contar, a qualidade do ensino de um professor, ou a capacidade de conseguir dinheiro de um caixa automático 24 horas é mais difícil de analisar.

O que aumenta esse problema da medição é o fato de que os bens digitais gratuitos, como Facebook, Wikipedia e YouTube são essencialmente visíveis para as estatísticas de produtividade. À medida que a Internet e a telefonia móvel oferecem cada vez mais serviços gratuitos, e as pessoas gastam mais tempo consumindo-os, essa fonte de erro e medida se torna cada vez mais importante. Além disso, a maioria dos serviços do governo são simplesmente calculados pelo custo, o que implicitamente supõe crescimento zero de produtividade desse setor todo, independentemente de a produtividade estar aumentando em níveis comparáveis ao resto da economia.

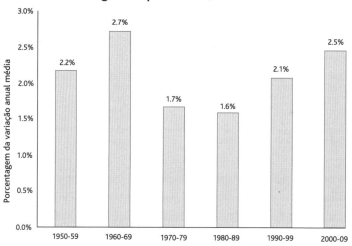

Figura 3.1: O crescimento da produtividade tem aumentado
Fonte: Bureau of Labor Statistics

Uma fonte final de erros de medição vem dos cuidados com a saúde, um segmento especialmente grande e importante da economia. A produtividade de serviços médicos é mal avaliada e costuma ser considerada estagnada, mas os norte-americanos vivem, em média, 10 anos a mais hoje do que viviam nos anos 1960. Isso é muito valioso, mas não é considerado em nossos dados de produtividade. De acordo com o economista William Nordhaus, "à primeira vista, o valor econômico dos aumentos em longevidade no século XX é tão grande quanto o valor do crescimento medido nos produtos e serviços não relacionados à saúde".

Épocas anteriores também tiveram componentes de qualidade importantes não medidos, como os lucros com telefone ou a redução de doenças devido ao uso de antibióticos. Além disso, também existem áreas nas quais as estatísticas de produtividade superestimam o crescimento, como quando não conseguem registrar os aumentos na poluição ou quando os níveis mais altos de criminalidade levam as pessoas a gastar mais em produtos e serviços de proteção. No balanço, os dados oficiais de produtividade provavelmente subestimam as reais melhorias de nossos padrões de vida com o tempo.

Renda Média Estagnada

Em comparação com a produtividade da mão de obra, a renda familiar média tem aumentado lentamente desde 1970 (Figura 3.2), uma vez que os efeitos da inflação são levados em consideração. Como foi discutido no Capítulo 1, Tyler Cowen e outros indicam esse fato como prova da estagnação econômica.

De algumas maneiras, Cowen subestima esse caso. Se analisarmos a última década e nos concentrarmos na população economicamente ativa, a renda média real caiu de $60.746 para $55.821. Esta é a primeira década que vemos a renda média em declínio desde que os números foram reunidos pela primeira vez. O valor bruto médio também caiu na última década quando ajustado de acordo com a inflação, outra novidade.

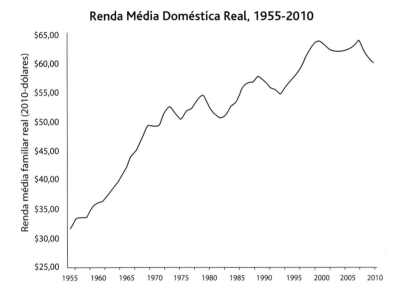

Figura 3.2: A renda familiar média estagnou
Fonte: Bureau of Labor Studies

Mas, ao mesmo tempo, o PIB por pessoa continua a aumentar de modo constante (menos durante as recessões). O contraste com a renda média é grande (Figura 3.3).

Como isso pode acontecer? Grande parte da diferença vem da distinção entre a média e o meio de distribuição.[2] Se 50 pedreiros estiverem bebendo em um bar e Bill Gates entra quando o cliente mais pobre sai, a renda média dos clientes aumentaria para $1 bilhão. No entanto, a riqueza do cliente comum, aquele exatamente da faixa média de distribuição, não mudaria em nada.

---

[2] A diferença também reflete o fato de que as casas são um pouco menores agora do que no passado (assim, a renda doméstica crescerá menos do que a renda individual) e há algumas diferenças técnicas entre o modo como o PIB e a renda são calculados.

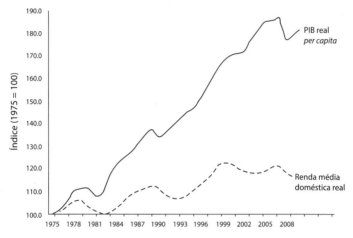

Figura 3.3: PIB real *per capita* aumentou significativamente mais depressa que a renda média doméstica real
Fonte: Bureau of Labor Statistics

Algo assim tem acontecido com as rendas na economia dos Estados Unidos. Nas últimas décadas, foram gerados trilhões de dólares, mas a maioria desse dinheiro foi para uma fatia relativamente pequena da população. Na verdade, o economista Ed Wolf descobriu que mais de 100% de todo o aumento de renda nos Estados Unidos, entre 1983 e 2009, ia para os 20% dos lares. Os outros 80% da população viram o *decréscimo* na renda ao longo de quase 30 anos. Por sua vez, os 5% principais responderam por mais de 80% do aumento bruto na renda e o primeiro 1%, por mais de 40%. De modo quase fracionado, cada parcela mais fina em direção ao topo da distribuição respondeu por uma fatia desproporcionalmente grande dos ganhos totais. Certamente, não aumentamos nosso PIB do modo como Franklin Roosevelt esperava quando disse, durante seu segundo discurso de posse, em 1937: "A prova de nosso progresso não está no fato de aumentarmos a abundância de quem tem muito; está no fato de oferecermos ou não o suficiente para aqueles que têm muito pouco".

Isso combina com a evidência, do Capítulo 2, a respeito do desempenho crescente das máquinas. Não houve estagnação no progresso tecnológico ou na criação de riqueza agregada, como às vezes dizem. Na verdade, a estagnação das rendas médias reflete, acima de tudo, uma mudança fundamental no modo como a economia divide a renda e os lucros. O trabalhador comum está perdendo a corrida contra a máquina.

Examinar outras estatísticas revela um problema mais profundo e mais generalizado. A renda e os salários – o preço do trabalho — estão sofrendo, mas também o número de empregos ou a quantidade de trabalho exigida (Figura 3.4). A última década foi considerada a primeira década desde a pior parte da Grande Depressão na qual não houve criação de empregos.

Se pensarmos que a população geral aumentou, a falta de novos empregos é ainda mais preocupante. A população dos Estados Unidos cresceu 30 milhões na última década, por isso precisamos criar 18 milhões de empregos apenas para manter a mesma proporção da população como no ano 2000. Em vez disso, não criamos quase nenhum, reduzindo os empregos a uma proporção da população de mais de 64% para apenas 58%.

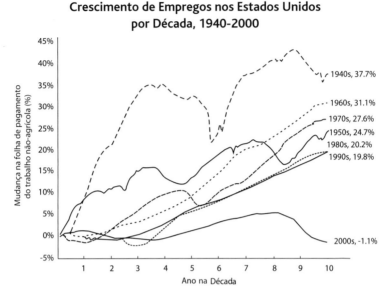

Figura 3.4: No novo milênio, curvas do aumento de empregos
Fonte: Bureau of Labor Statistics

A falta de empregos não é apenas uma questão de muitas demissões devido à Grande Recessão. Na verdade, reflete problemas estruturais profundos que têm piorado há uma década ou mais. O Bureau of Labor Statistics Job Openings and Labor Turnover Survey (JOLTS) mostra uma diminuição drástica nas contratações desde 2000. A falta de contratações e não o aumento das demissões, é o que responde pela maior parte do desemprego atual. Além disso, um estudo realizado pelos economistas Steven J. Davis, Jason Faberman e John Haltiwanger revelou que a intensidade de contratações por emprego despencou também durante a década passada. Os empregadores não parecem ter a mesma demanda de trabalho como antes.

Isso reflete um padrão que ficou claro na "recuperação dos desempregados" do começo dos anos 1990, mas tem piorado depois das duas recessões desde então. Os economistas Menzie Chinn e Robert Gordon, em análises distintas, perceberam que a relação entre a produção e o emprego, conhecida como Lei de Okun, foi alterada. Historicamente, a produção maior significava maior emprego, mas a descoberta recente criou muito menos emprego do que o previsto; o PIB se recuperou, mas os empregos, não. A relação historicamente forte entre as mudanças no PIB e as mudanças nos empregos parece ter enfraquecido à medida que a tecnologia se tornou mais difundida e forte. Como os exemplos no Capítulo 2 deixam claro, não se trata de uma coincidência.

Como a Tecnologia Pode Destruir Empregos

Pelo menos desde que os seguidores de Ned Ludd destruíram os teares mecânicos, em 1811, os empregados têm se preocupado com a possibilidade de a automação destruir os empregos. Os economistas garantiram a eles que novos trabalhos seriam criados mesmo que os velhos fossem eliminados. Durante mais de 200 anos, estes economistas estiveram certos. Apesar da grande automação de milhões de vagas, mais norte-americanos tinham empregos no fim de cada década até o final do século XX. Mas esse fato empírico esconde um segredo. Não existe lei econômica que diga que todo mundo, nem mesmo a maioria das pessoas, automaticamente se beneficia do progresso tecnológico.

Pessoas com pouco conhecimento em economia entendem a questão de modo intuitivo. Compreendem que alguns funcionários podem perder na corrida contra a máquina. Ironicamente, os economistas mais experientes costumam ser os mais resistentes a essa ideia, já que os modelos-padrão de crescimento econômico implicitamente indicam que o crescimento econômico beneficia todos os residentes de um país. No entanto, assim como o economista vencedor do prêmio Nobel, Paul Samuelson, mostrou que terceirização e *offshoring* não necessariamente aumentam a renda de todos os trabalhadores, é verdade também que o progresso tecnológico não é uma maré alta que automaticamente aumenta todas as rendas. Conforme a renda geral aumenta, pode haver, e normalmente há, vencedores e perdedores. E os perdedores não são, necessariamente, um segmento pequeno da força de trabalho, como fabricantes de chicotes. Em princípio, eles podem ser uma maioria ou mesmo 90% ou mais da população.

Se as rendas podem se ajustar livremente, então, os perdedores manterão seus empregos em troca de aceitar um pagamento mais baixo à medida que a tecnologia continua melhorando. Mas existe um limite a esse ajuste. Logo depois de os Luddites começarem a destruir o maquinário que julgavam ameaçar seu emprego, o economista David Ricardo, que acreditava que os avanços na tecnologia beneficiariam a todos, desenvolveu um modelo abstrato que mostrou a possibilidade de desemprego tecnológico. A ideia básica era que, em algum momento, as rendas dos trabalhadores podem cair abaixo do nível necessário para a subsistência. Um ser humano racional não veria motivo em aceitar um emprego com um salário tão baixo, por isso, o empregado ficaria desempregado e o trabalho seria feito por uma máquina.

Claro, foi apenas um modelo abstrato. Mas em seu livro, *A Farewell to Alms*, o economista Gregory Clark dá um exemplo real desse fenômeno em ação:

Havia um tipo de funcionário no começo da Revolução Industrial cujo trabalho e subsistência desapareceram no começo do século XX. Era o cavalo. A população de cavalos na Inglaterra atingiu seu ápice depois da Revolução Industrial, em 1901, quando 3,25 milhões eram usados. Apesar de eles terem sido substituídos por reboques em trilhos e por locomotivas a vapor, como equipamento de transporte, eles ainda aravam os campos, puxavam carroças e carruagens por curtas distâncias, puxavam barcos nos canais, entravam nas valas e levavam o exército para a batalha. Mas a chegada do motor de combustão interna no fim do século XIX substituiu esses trabalhadores rapidamente, de modo que, em 1924, havia menos de dois milhões. Havia um salário pelo qual todos os cavalos poderiam ter permanecido empregados. Mas essa renda era tão baixa que não pagava o que eles comiam.

À medida que a tecnologia continua avançando em direção à segunda metade do tabuleiro de xadrez, assumindo empregos e tarefas que eram apenas de operários humanos, é fácil imaginar um momento no futuro quando cada vez mais tarefas serão feitas de modo mais barato por máquinas do que por seres humanos. E de fato, os salários de trabalhadores sem especialização têm caído há mais de 30 anos, pelo menos nos Estados Unidos.

Agora também compreendemos que o desemprego tecnológico pode ocorrer mesmo quando os salários ainda estão acima do nível de subsistência, se houver regras firmes que os impeçam de cair tão rapidamente, à medida que os avanços da tecnologia reduzem os custos da automação. As leis do salário-mínimo, o seguro-desemprego, os planos de saúde, as leis trabalhistas prevalentes e os contratos de longo prazo — sem falar das taxas e da psicologia — dificultam a rápida redução dos salários.[3] Além

---

3 Tal rigidez na renda foi observada e está no centro de muitos modelos macroeconômicos do ciclo de negócios.

disso, os empregadores costumam considerar os cortes de salários ruins para o moral. Como a literatura a respeito eficiência da renda deixa claro, esses cortes podem desmotivar os funcionários e fazer com que as empresas percam seus melhores empregados.

Mas a total flexibilidade de renda não seria o remédio. Os salários cada vez menores para fatias importantes da força de trabalho não são exatamente uma solução atraente para a ameaça do uso de tecnologia. Além dos prejuízos causados aos padrões de vida dos trabalhadores afetados, o salário mais baixo apenas posterga o dia de uma análise. A Lei de Moore não é modinha, mas uma tendência que se torna cada vez maior.

A ameaça do desemprego tecnológico existe. Para entender essa ameaça, definiremos três conjuntos de vencedores e perdedores que a mudança técnica cria: (1) funcionários de muita competência *versus* funcionários de pouca competência, (2) super astros *versus* todos os outros e (3) capital *versus* trabalho. Cada conjunto tem fatos bem documentados e relações interessantes com a tecnologia digital. Além disso, esses conjuntos não são mutuamente exclusivos. Na verdade, os vencedores de um conjunto têm mais chance de ser os vencedores nos outros dois também, o que concentra as consequências.

Em cada caso, a teoria econômica é clara. Mesmo quando o progresso tecnológico aumenta a produtividade e a renda geral, também pode afetar a divisão de recompensas, piorando as condições em que algumas pessoas viviam antes da inovação. Em uma economia em crescimento, os ganhos aos vencedores podem ser maiores do que as perdas para aqueles que são afetados, mas esse pode ser um consolo pequeno para aqueles que ganham menos no acordo.

De modo geral, os efeitos da tecnologia são uma questão empírica — que pode ser mais bem compreendida quando analisamos os dados. Para os três conjuntos de perdedores e vencedores, a notícia é preocupante. Vamos observar cada um separadamente.

1. *Trabalhadores com muitas habilidades versus trabalhadores com poucas habilidades*

Comecemos com uma mudança técnica de acordo com a habilidade, que talvez seja a mais estudada dos três fenômenos. É uma mudança técnica que aumenta a demanda relativa por mão de obra capacitada e reduz ou elimina a demanda pela não capacitada. Muitas fábricas de automação se encaixam nessa categoria, conforme as atividades de rotina são passadas para as máquinas enquanto as decisões mais complexas de programação, administração e marketing continuam sendo tomadas por seres humanos.

Um trabalho recente realizado pelos economistas Daron Acemoglu e David Autor destaca a crescente divergência de ganhos entre os trabalhadores mais qualificados e os menos qualificados. Nos últimos 40 anos, o salário semanal para as pessoas com formação superior tem caído e o salário para as pessoas com formação apenas no ensino médio ou com ensino superior incompleto estagnou. Por outro lado, os funcionários com formação superior têm ganhos significativos, e os salários mais altos vão para os formados (Figura 3.5).

Além disso, esse aumento no preço relativo da mão de obra capacitada — o salário — vem durante um período em que a *oferta* de trabalhadores capacitados tem aumentado também. A combinação de salário mais alto com pontos crescentes de oferta aponta, sem erro, para o aumento na *demanda* relativa por mão de obra capacitada. Como aqueles com pouca educação normalmente já tiveram os salários mais baixos, essa mudança tem aumentado a desigualdade de renda de modo geral.

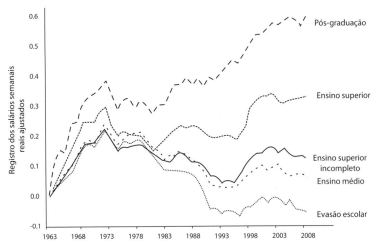

Figura 3.5 Os salários têm aumentado para aqueles com mais escolaridade, caindo para aqueles com menos

Fonte: Análise de Acemoglu e Autor da Pesquisa de População Atual de 1963-2008

Fica claro, pelo gráfico na Figura 3.5, que a divergência entre salários aumentou na era digital. Como foi documentado em estudos cuidadosos dos autores David Autor, Lawrence Katz e Alan Krueger, além de Frank Levy e Richard Murnane e muitos outros, o aumento na demanda relativa por mão de obra capacitada está muito relacionado aos avanços na tecnologia, especialmente as tecnologias digitais. Assim, o nome "mudança técnica de acordo com a habilidade" ou SBTC ("skil–biased technical change"). Existem dois componentes distintos no SBTC recente. As tecnologias como robótica, máquinas numericamente controladas, controle computadorizado de estoque e transcrição automática têm substituído tarefas de rotina, deslocando os funcionários que as realizavam. Enquanto isso, outras tecnologias, como visualização de dados, análise, comunicações de alta velocidade e protótipos rápidos têm aumentado as contribuições de raciocínio mais abstrato e direcionados a dados, aumentando o valor desses empregos.

A mudança técnica orientada às habilidades também foi importante no passado. Durante a maior parte do século XIX, 25% de toda a mão de obra agrícola debulhavam grãos. Esse trabalho foi automatizado nos anos 1860. O século XX foi marcado por uma mecanização acelerada não apenas da agricultura, mas também do trabalho industrial. Concordando com o primeiro vencedor do Prêmio Nobel de economia, Jan Tinbergen, os economistas da Harvard, Claudia Goldin e Larry Katz, descreveram o SBTC resultante como "uma corrida da educação e da tecnologia". Investimentos ainda maiores em educação, aumentando drasticamente o nível educacional médio da força de trabalho norte-americana, ajudaram a impedir que a desigualdade aumentasse conforme a tecnologia automatizou cada vez mais o trabalho não capacitado. Apesar de a educação certamente não ser sinônimo, é um dos correspondentes mais facilmente mensuráveis, então, esse padrão sugere que a demanda por capacitação tem aumentado mais depressa do que a oferta.

Estudos realizados pelo coautor deste livro, Erik Brynjolfsson, com Timothy Bresnahan, Lori Hitt e Shinku Yang, mostraram que um aspecto-chave do SBTC não era apenas as habilidades de quem trabalhava com computadores, mas, mais importante, as mudanças mais amplas na organização do trabalho que se tornaram possíveis com a tecnologia da informação. As empresas mais produtivas reinventaram e reorganizaram os direitos de decisão, os sistemas de incentivos, os fluxos de informação, os sistemas de utilização e outros aspectos do capital organizacional para tirar o máximo proveito da tecnologia. Isso, por sua vez, exigiu da força de trabalho níveis de habilidade mais altos e radicalmente diferentes. Aqueles que trabalhavam com computadores tinham de ser mais habilidosos, mas os processos completos de produção, e mesmo as indústrias, foram recriados para explorar as novas e fortes tecnologias da informação. Além disso, cada dólar gasto em hardware costumava ser o trampolim para mais para $10 de investimento em capital organizacional complementar. Os bens organizacionais intangíveis costumam ser muito mais difíceis de mudar, mas também são muito mais importantes para o sucesso da organização.

Conforme o século XXI se desenrola, a automatização está afetando áreas de trabalho mais amplas. Mesmo os salários baixos recebidos pelos trabalhadores das fábricas na China não foram poupados e acabaram sendo ainda mais reduzidos devido ao maquinário novo e às mudanças organizacionais institucionais complementares. Por exemplo, Terry Gou, fundador e presidente da empresa fabricante de eletrônicos, Foxconn, anunciou, este ano, um plano para comprar robôs de 1 milhão de dólares nos próximos três anos para substituir boa parte da força de trabalho. Os robôs realizarão tarefas de rotina, como pintar, soldar e montar peças básicas. A Foxconn, atualmente, tem 10 mil robôs, e 30 mil são esperados para o ano que vem.

2. *Superastros* versus *todo o restante*

A segunda divisão é entre superastros e todo o resto. Muitas indústrias são do tipo "tudo ou nada" ou "os vencedores levam quase tudo", segundo essa visão poucos indivíduos ficam com a maior parte da recompensa. Pense na música pop, no atletismo profissional, e no mercado de CEOs. As tecnologias digitais aumentam o tamanho e o escopo desses mercados. Essas tecnologias reproduzem não só produtos de informação, mas, cada vez mais, processos de negócios também. Assim, os talentos, o conhecimento ou as decisões de uma única pessoa podem dominar um mercado nacional ou até mesmo global. Enquanto isso, os concorrentes bons, mas não ótimos, estão cada vez mais sufocados em seus mercados. Os superastros em cada campo podem agora receber recompensas muito maiores do que recebiam décadas antes.

Os efeitos são evidentes no topo da distribuição de renda. Os 10% detentores da distribuição de salários se saíram muito melhor do que o resto da força de trabalho, mas mesmo dentro desse grupo, a desigualdade cresceu. A renda aumentou depressa para o primeiro 1% do que para o resto do decil superior. Por sua vez, o principal 0,1% e o 0,01% de cima viram a renda aumentar ainda mais depressa. Não é uma mudança técnica comum, mas reflete as recompensas únicas do estrelato. Sherwin Rosen, um economista-astro, explicou a economia dos astros em um artigo de 1981. Em muitos mercados, os consumidores estão dispostos a pagar um valor a mais pelo melhor. Se a tecnologia existe para que um único vendedor reproduza seus serviços, o principal provedor de qualidade pode tomar a maioria ou todo o mercado. O segundo melhor provedor pode ser quase tão bom, mas, apesar disso, receber apenas uma pequena parte do lucro.

A tecnologia pode transformar um mercado comum em um mercado caracterizado por superastros. Antes da era da música gravada, o melhor cantor podia lotar um salão, mas só conseguia se apresentar a milhares de ouvintes ao longo de um ano. Cada cidade podia ter seus astros da região, com alguns mais especiais que faziam turnês pelo país, mas até mesmo o melhor cantor do país só conseguia alcançar uma parte relativamente pequena de seu público. Mas quando a música passou a ser gravada e distribuída por um custo muito baixo, um número pequeno de artistas pôde atrair a maior parte dos lucros em todos os mercados, desde a música erudita de Yo-Yo Ma à popular de Lady Gaga.

Os economistas Robert Frank e Philip Cook documentaram como os mercados dos vencedores têm se proliferado à medida que a tecnologia foi transformando não apenas a música gravada, mas também a indústria de software, cinema e esportes, e todas as outras indústrias que podem ser transmitidas como partes digitais. Essa tendência tem se acelerado conforme a economia se baseia no software, implícita ou explicitamente. Como discutimos em nosso artigo de 2008 da *Harvard Business Review*, as tecnologias digitais possibilitam imitar não apenas partes, mas também processos. Por exemplo, empresas como a CVS têm processos alinhados, como recebimento de pedidos de remédios nos sistemas. Sempre que a CVS faz uma melhoria, esta é propagada por 4 mil lojas no país todo, aumentando seu valor. Assim, o alcance e o impacto de uma decisão executiva, por exemplo, como organizar um processo, torna-se maior, de modo correspondente.

Na verdade, a proporção do salário do CEO para o salário do trabalhador comum aumentou de 70, em 1990, para 300 em 2005, e boa parte desse crescimento está ligado ao uso mais amplo de TI, de acordo com pesquisas recentes que Erik fez com seu aluno Heekyung Kim. Eles descobriram que os aumentos no pagamento de outros executivos seguiam um padrão menos extremo. Auxiliados pelas tecnologias digitais, empreendedores, CEOs, astros do entretenimento e executivos financeiros têm conseguido nivelar seus talentos em mercados globais e obter recompensas que, antes, teriam sido consideradas inimagináveis.

A tecnologia não é o único fator que afeta a renda. Os fatores políticos, a globalização, as mudanças nos preços dos bens e, no caso dos CEOs e executivos financeiros, o domínio corporativo também têm influência. Em especial, o setor de serviços financeiros aumentou muito como parte do PIB e ainda mais como parte de lucros e compensação, principalmente no topo da distribuição de renda. Apesar de as finanças eficientes serem essenciais à economia moderna, parece que uma parte importante de retornos por grandes investimentos humanos e tecnológicos, na última década, como aquela no mercado de programas computadorizados sofisticados, veio da redistribuição de renda e não da criação real dos lucros. Outros países, com instituições diferentes e também com menor adoção de TI, passaram por desigualdades menos extremas. Mas essas mudanças gerais nos Estados Unidos têm sido grandes. De acordo com o economista Emmanuel Saez, 1% das casas norte-americanas recebeu 65% de todo o crescimento na economia desde 2002. Na verdade, Saez afirma que o 0,01% das casas nos Estados Unidos – ou seja, as 14.588 famílias com renda acima de $11.477,00 – viram sua participação na renda nacional dobrar de 3 para 6% entre 1995 e 2007.

3. *Capital* versus *mão de obra*

A terceira divisão é entre o capital e a mão de obra. A maior parte da produção exige maquinário e mão de obra humana. De acordo com a teoria da barganha, os lucros produzidos são divididos de acordo com o poder de barganha relativo, que, por sua vez, costuma refletir a contribuição de cada parte. Se a tecnologia diminui a importância relativa da mão de obra humana em um determinado processo de produção, os donos de equipamentos conseguirão ter uma parcela maior da renda dos bens e serviços produzidos. Os donos do capital também são humanos — então, os lucros não desaparecem da sociedade — mas os donos do capital costumam ser um grupo muito diferente e menor do que aqueles que fazem a maior parte do trabalho, de modo que a distribuição da renda será afetada.

Em especial, se a tecnologia substituir a mão de obra, pode-se esperar que as partes da renda conquistada pelos donos de equipamento aumentariam em relação aos operários — a clássica batalha de barganha entre capital e mão de obra.[4] Isso tem acontecido cada vez mais nos últimos anos. Como Kathleen Madigan disse, desde que a recessão terminou, os gastos reais em equipamentos e software têm aumentado em 26%, enquanto as folhas de pagamento continuam iguais.

Além disso, existe uma evidência crescente de que o capital tem captado uma parte maior do PIB nos últimos anos. Como foi mostrado na Figura 3.6, os lucros passaram os da época pré-recessão.

De acordo com os dados recentemente atualizados do Departamento de Comércio dos Estados Unidos, lucros recentes responderam por 23,8% da renda doméstica total, uma elevação que está mais de 1 ponto percentual acima do registro anterior. De modo parecido, os lucros como parte do PIB são os mais altos em cinquenta anos. Enquanto isso, o pagamento a toda e qualquer mão de obra, incluindo salários e benefícios, é o mais baixo dos últimos cinquenta anos. O capital está obtendo uma fatia maior da torta, em relação à mão de obra.

---

4 A teoria econômica exata é um pouco mais complicada, no entanto. Em um mercado saudável, as recompensas por capital (ou mão de obra) costumam refletir o valor de uma parte adicional do capital (ou do operário adicional) *na margem*. Dependendo do preço para aumentar o capital, as recompensas conquistadas pelos capitalistas podem não aumentar automaticamente com a automação maior – os efeitos esperados dependem dos detalhes exatos da produção, da distribuição e dos sistemas dominantes.

Novas Tecnologias versus Empregabilidade ♦ 59

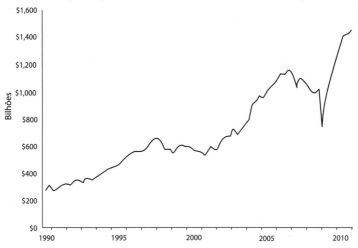

Figura 3.6: Os lucros aumentam na recuperação atual
Fonte: Bureau of Economic Analysis

A recessão exagerou essa tendência, mas faz parte da mudança de longo prazo da economia. Como disseram os economistas Susan Fleck, John Glaser e Shawn Sprague, a tendência para a fatia da mão de obra do PIB foi essencialmente baixa entre 1974 e 1983, mas tem caído desde então. Ao se pensar em operários em locais como a fábrica da Foxcoon, que será substituída por robôs que economizam mão de obra, é fácil imaginar uma história movida à tecnologia que explica por que as fatias podem estar mudando.

É importante perceber que a participação da "mão de obra" nos dados do Bureau of Labor Statistics inclui salários pagos a CEOs, profissionais de finanças, atletas profissionais e outros superastros, como discutimos anteriormente. Nesse sentido, a participação em declínio mostra como o operário comum tem se saído. Também pode atenuar a divisão da renda entre o capital e a mão de obra, ainda que os CEOs e outros executivos importantes tenham poder de barganha para captar parte da "fatia do capital" que aumentaria para os donos de ações comuns.

A Desigualdade Pode Afetar o Tamanho Geral da Economia

A tecnologia muda as divisões de renda para os capacitados *versus* não capacitados, para os superastros *versus* o restante, e para o capital *versus* mão de obra. É simplesmente um jogo sem vencedores no qual a perda de alguns é exatamente causada pelo ganho dos outros? Não necessariamente. No aspecto positivo da questão, a desigualdade pode oferecer incentivos benéficos para a aquisição de habilidade, esforços em direção ao estrelato ou acúmulo de capital. No entanto, pode ferir o bem-estar econômico de várias maneiras.

Primeiro, uma das regras mais básicas da economia é o declínio da utilidade marginal da renda. Uma herança inesperada de mil dólares tem menos chance de aumentar sua felicidade ou utilidade, se você já tiver $10 milhões do que se tiver apenas $10 mil. Em segundo lugar, a igualdade da oportunidade é importante para a eficiência e justiça de uma sociedade, mesmo que resultados desiguais sejam tolerados ou até celebrados. A igualdade de oportunidade, no entanto, pode ser mais difícil de conseguir se os filhos dos mais pobres receberem serviço de saúde, alimentação ou educação, ou as pessoas das classes mais baixas forem incapazes de competir em pé em igualdade. Em terceiro lugar, a desigualdade inevitavelmente afeta a política, e isso pode ser prejudicial e desestabilizador. Como o economista Daron Acemoglu disse:

> O poder econômico costuma gerar poder político mesmo nas sociedades democráticas e pluralistas. Nos Estados Unidos,

isso costuma ocorrer por meio de contribuições de campanha e acesso a políticos que o dinheiro costuma comprar. Esse canal político implica outro elo potencialmente mais forte entre a desigualdade e um campo desnivelado.

Finalmente, quando a tecnologia leva a mudanças relativamente repentinas na renda entre os grupos, também pode reduzir o crescimento econômico de modo geral e possivelmente precipitar o tipo de colapso na demanda agregada refletida na baixa atual.

Pense em cada um dos três conjuntos de vencedores e perdedores sobre os quais falamos antes. Quando o SBTC aumenta as rendas de trabalhadores habilidosos e diminui a renda e o emprego de trabalhadores com pouca habilidade, o efeito líquido pode ser uma queda na demanda geral. Os trabalhadores de alta habilidade, quando recebem renda extra, podem escolher aumentar o lazer e as economias em vez de trabalhar mais horas. Enquanto isso, os trabalhadores de poucas habilidades perdem o emprego e acabam saindo da força de trabalho. Os dois grupos trabalham menos do que antes, então o resultado geral cai.[5]

Podemos contar uma história parecida a respeito de como os ricos superastros com dinheiro extra, decidem economizar a maior parte dele, enquanto seus concorrentes menos abastados precisam diminuir o consumo. Mais uma vez, o resultado geral perde com essa mudança. O ex-secretário do trabalho, Robert Reich, disse que essa dinâmica foi, em parte, responsável pela Grande Depressão, e o vencedor do prêmio Nobel, Joseph Stiglitz, escreveu, em detalhes, sobre como a maior concentração de dinheiro em um grupo relativamente pequeno pode ser prejudicial ao crescimento econômico.

---

5 O economista Arnold Klong descreve esse modelo em seu blogue.

Finalmente, é fácil observar como uma mudança na renda do trabalho para o capital levaria a uma redução parecida na demanda geral. Os capitalistas costumam economizar mais de cada dólar do que os trabalhadores. No curto prazo, uma transferência de trabalhadores para capitalistas reduz o consumo total e, assim, o PIB total. Esse fenômeno é resumido em uma história clássica, mas possivelmente apócrifa: O CEO da Ford, Henry Ford II, e o presidente da United Automobile Workers, Walter Reuther, estão passando por uma fábrica moderna de automóveis. Ford ri de Reuther: "Walter, como você vai fazer para que esses robôs paguem as taxas da UAW?". Sem pestanejar, Reuther responde: "Henry, como você vai fazer para que eles comprem carros?".

Com o tempo, uma economia em bom funcionamento deveria ser capaz de se ajustar ao novo caminho de consumo exigido por qualquer um ou todos os tipos de realocação de renda. Por exemplo, cerca de 90% dos norte-americanos trabalhavam na agricultura em 1800; em 1900, eram 41% e em 2000, apenas 2%. Conforme os trabalhadores deixaram a terra ao longo de dois séculos, houve mais novos empregos suficientes criados em outros setores, e novas indústrias apareceram para empregá-los. No entanto, quando as mudanças acontecem mais depressa do que as expectativas e/ou instituições possam se ajustar, a transição pode ser cataclísmica. A aceleração da tecnologia na última década não estagnou apenas um setor, mas praticamente todos eles. Uma maneira comum de manter o consumo temporariamente diante do choque é emprestar mais. Apesar de isso ser possível no curto prazo, e de ser racional, esperarmos que o choque seja temporário, será insustentável se a tendência continuar ou, pior, aumentar.

Compreensivelmente, algo assim aconteceu na última década. O salário de muitos norte-americanos diminuiu muito em relação aos índices de crescimento histórico e até caiu em termos reais para muitos grupos conforme a tecnologia transformou suas indústrias. O empréstimo ajudou a mascarar o problema até a Grande Recessão surgir. Esse colapso gradual na demanda, que pode ter se espalhado ao longo das décadas foi comprimido em um período muito mais curto, dificultando para os trabalhadores mudarem suas habilidades, para os empreendedores inventarem novos modelos de negócios e para os gerentes fazerem os ajustes necessários com a mesma rapidez. O resultado tem sido uma série disfuncional de crises. Certamente, grande parte do desemprego recente se deve, como os ciclos de negócios antigos, à fraca demanda na economia de modo geral, refletindo uma queda extremamente forte. No entanto, isso não nega o componente estrutural importante aos níveis de desemprego em queda, e é plausível que a Grande Recessão em si possa, em parte, refletir uma resposta demorada a esses assuntos estruturais mais profundos.

Pensando no Futuro

Quando pensamos no futuro, vemos essas três tendências não apenas acelerando, mas também progredindo. Por exemplo, uma pesquisa recente realizada por David Autor e David Dorn mostrou uma mudança interessante na história do SBTC. Descobriram que a relação entre as habilidades e os salários ganhou forma de "U", ou seja, estagna e piora antes de melhorar. Na última década, a demanda caiu principalmente para aqueles no patamar médio da distribuição da habilidade. Os trabalhadores de maior capacidade se saíram bem, mas de modo interessante, aqueles com menos habilidades sofreram menos do que aqueles com habilidades medianas, refletindo uma polarização da demanda do trabalho.

Isso reflete um fato interessante a respeito da automação. Pode ser mais fácil automatizar o trabalho de um tesoureiro, caixa de banco ou funcionário semicapacitado de fábrica do que um jardineiro, cabeleireiro ou cuidador. Em especial, nos últimos 25 anos, as atividades físicas que exigem um nível de coordenação motora e percepção sensorial têm se mostrado mais resistentes à automação do que o processamento básico de informação, um fenômeno conhecido como Paradoxo de Moravec. Por exemplo, muitos tipos de trabalho de escritório foram automatizados, e milhões de pessoas interagem com atendentes robôs em bancos e no check-in de aeroportos todos os dias. Mais recentemente, o trabalho de *call center* — que foi amplamente passado à Índia, às Filipinas ou outras nações de baixa renda nos anos 1990 – tem sido cada vez mais substituído por sistemas de atendimento que conseguem reconhecer um vocabulário de domínio cada vez mais específico e até frases completas.

Em contraste, a visão, as habilidades motoras finas e a locomoção têm sido muito mais difíceis de automatizar. O cérebro humano consegue estabelecer conexões neurais altamente especializadas, refinadas por milhões de anos de evolução, para reconhecer rostos, manipular objetos, e caminham em ambientes sem estrutura. Ainda que multiplicar números de cinco dígitos seja uma habilidade não natural e difícil para a mente humana entender, o córtex visual costuma fazer matemática muito mais complexa sempre que detecta uma maneira ou usa paralaxe para localizar um objeto no espaço. A computação por máquina tem superado os humanos na primeira tarefa, mas ainda não na segunda.

À medida que as tecnologias digitais continuam a melhorar, desconfiamos de que até mesmo essas habilidades continuarão sendo bastiões da excepcionalidade humana nas próximas décadas. Os exemplos no Capítulo 2 do carro do Google que funciona sozinho e a conclusão de Watson, da IBM, apontam para um caminho diferente em progresso. A tecnologia está surgindo rapidamente para automatizar o funcionamento de caminhões na próxima década, assim como a criação de rotas foi cada vez mais automatizada nos últimos dez anos. De modo parecido, o ponto alto do espectro de habilidade também é vulnerável, como vemos no caso da *e-discovery* substituindo advogados e, talvez, em uma tecnologia parecida com a de Watson, substituindo os diagnósticos médicos humanos.

Algumas Conclusões

A tecnologia tem avançado rapidamente, e a boa notícia é que isso aumenta de modo radical a capacidade produtiva da economia. No entanto, o progresso tecnológico não beneficia todo mundo automaticamente em uma sociedade. Em especial, as rendas têm se tornado ainda mais desiguais, assim como as oportunidades de emprego. Avanços tecnológicos recentes têm favorecidos alguns grupos e não outros, principalmente os "superastros" em muitos campos, e provavelmente aumentaram a fatia do PIB fazendo crescer o capital relacionado ao trabalho.

A estagnação na renda média não se deve a uma falta de progresso tecnológico. Ao contrário, o problema é que nossas habilidades e instituições não acompanharam as rápidas mudanças na tecnologia. Nos séculos XIX e XX, conforme cada onda de automação eliminou empregos em alguns setores e ocupações, os empreendedores identificaram novas oportunidades nas quais o trabalho poderia ser reestruturado e os trabalhadores aprendiam as habilidades necessárias para ter sucesso. Milhões de pessoas deixaram a agricultura, mas um número ainda maior encontrou emprego em serviços e manufatura.

No século XXI, a mudança tecnológica se tornou mais rápida e mais difundida. Apesar de o motor a vapor, o motor elétrico e o motor de combustão interna serem tecnologias impressionantes, não eram sujeitas a um nível constante de melhoria contínua no mesmo passo visto nas tecnologias digitais. Os computadores já são milhares de vezes mais potentes do que eram 30 anos atrás, e todas as evidencias sugerem que esse ritmo continuará por pelo menos mais uma década, e provavelmente mais. Além disso, os computadores são, de certo modo, a "máquina universal" que pode ser usada em quase todas as indústrias e tarefas. Em especial, as tecnologias digitais agora desempenham tarefas mentais que eram de domínio exclusivo dos seres humanos no passado. Os computadores são diretamente relevantes não apenas aos 60% da força de trabalho envolvida no processamento de tarefas, mas também e cada vez mais aos 40% que restam. Conforme a tecnologia avança para a segunda metade do tabuleiro, o aumento sucessivo de força fará crescer o número de usos que possam afetar o trabalho e o emprego. Assim, nossas habilidades e instituições terão de ser melhores ainda para acompanhar, cada vez mais a força de trabalho que enfrenta o desemprego causado pela tecnologia.

Capítulo 4

O que Pode Ser Feito? Prescrições e Recomendações

A maior tarefa diante da civilização atual é fazer que as máquinas sejam o que devem ser, as escravas, e não seus mestres.

— Havelock Ellis, 1922

Nos dois últimos capítulos, mostramos a rapidez e a intensidade com que os computadores estão tomando o território humano, e discutimos as consequências econômicas desse fenômeno — como o progresso digital consegue deixar algumas pessoas piores apesar da melhoria da produtividade e do desenvolvimento como um todo. Claro, preocupações a respeito da interação entre tecnologia e economia não são novas. Na verdade, até fazem parte do folclore dos Estados Unidos.

A lenda de John Henry se tornou popular no fim do século XIX à medida que a Revolução Industrial movida a vapor afetava todas as indústrias e empregos que dependiam muito da força humana. É a história de uma competição entre a broca a vapor e John Henry, um poderoso operário da estrada de ferro, para ver quem poderia fazer o furo maior em rocha sólida.[6] Henry vence a corrida contra a máquina, mas perde a vida; seus esforços

---

6 As equipes de construção das estradas de ferro da época abriam túneis em encostas de montanhas fazendo furos na rocha, enchendo esses furos com explosivos, e os detonando.

fazem seu coração parar. Os seres humanos nunca mais desafiaram a broca diretamente de novo.

Essa lenda refletia a intranquilidade popular, na época, a respeito do potencial de a tecnologia tornar o trabalho humano obsoleto. Mas não foi o que aconteceu à medida que a Revolução Industrial progrediu. Conforme a broca a vapor avançou e se espalhou pela indústria, mais trabalhadores humanos foram necessários. Eles eram necessários não pela força física (como foi o caso de John Henry), mas, sim, por outras habilidades humanas: físicas, como locomoção, destreza, coordenação e percepção; e mentais, como comunicação, percepção de padrões e criatividade.

A lenda de John Henry mostra que, em muitos contextos, os seres humanos acabarão perdendo a corrida páreo a páreo contra a máquina. Mas a lição mais profunda da primeira Revolução Industrial tem mais a ver com a Indy 500 do que com John Henry: o progresso econômico vem da inovação constante na qual as pessoas competem *com* as máquinas. Humanos e máquinas atuam juntos em uma corrida para produzir mais, captar mercados e derrotar outras equipes de seres humanos e máquinas.

Essa lição continua sendo válida e instrutiva hoje, conforme as máquinas estão ganhando competições mentais, não apenas físicas. Mais uma vez, observamos que as coisas se tornam muito interessantes quando essa competição termina e as pessoas começam a competir com máquinas em vez de umas contra as outras.

O jogo de xadrez é um ótimo exemplo. Em 1997, Gary Kasparov, o mais brilhante mestre do xadrez, perdeu para Deep Blue, um supercomputador especializado de 10 milhões de dólares, programado por uma equipe da IBM. Foi uma surpresa quando aconteceu, mas então, a evolução no mundo do xadrez voltou a ser acompanhada e processada principalmente pelos *nerds* do xadrez. Assim, sabe-se que o melhor enxadrista do mundo hoje não é um computador. Não é um humano. O melhor enxadrista é uma equipe de humanos que usa computadores.

Depois que competições entre humanos e computadores se tornaram interessantes (porque os computadores sempre venciam), a ação passou para as competições "estilo livre", permitindo qualquer combinação de pessoas e máquinas. O vencedor geral em um campeonato recente de estilo livre não tinha nem os melhores jogadores humanos nem os computadores mais poderosos. Como Kasparov escreveu, foi formado por:

> Dois enxadristas amadores norte-americanos que usaram três computadores ao mesmo tempo. A habilidade que eles tinham em manipular e "dirigir" seus computadores para analisar as posições de modo profundo ia contra a compreensão dos grandes oponentes especialistas e do poder computacional dos outros participantes... A combinação humano fraco + máquina + processo melhor era superior a um computador mais potente por si só e, de modo mais marcante, superior a um processo inferior + humano forte + máquina.

Esse padrão não é real apenas no xadrez, mas na economia toda. Na medicina, no direito, nas finanças, no varejo e até no campo científico, o segredo para vencer a corrida não é competir *contra* a máquina, mas competir *com* elas. Como vimos no Capítulo 2, enquanto os computadores vencem em processamento rotineiro, aritmética repetitiva e constância sem erros e estão se tornando melhores em comunicação complexa e nos padrões, faltam-lhes intuição e criatividade e ainda ficam perdidos quando são solicitados a atuar mesmo que seja um pouco fora de um domínio pré-definido. Felizmente, os seres humanos são mais fortes exatamente onde os computadores são fracos, criando uma parceria potencialmente bela.

À medida que essa parceria avança, não nos preocupamos se os computadores cumprirão sua parte. Os tecnólogos estão fazendo um trabalho incrível ao torná-los ainda mais rápidos, menores e mais eficientes com o uso da energia, e mais baratos com o tempo. Acreditamos que essas tendências continuarão conforme passarmos para a segunda metade do tabuleiro.

O progresso digital, na verdade, é tão rápido e incansável, que as pessoas e as organizações estão tendo dificuldades para acompanhar. Então, neste capítulo, queremos nos focar em recomendações em duas áreas: melhorar o índice e a qualidade da inovação organizacional e aumentar o capital humano — garantindo que as pessoas tenham as habilidades de que precisam para participar na economia de hoje e na de amanhã. Progredir nessas duas áreas será a melhor maneira de permitir que os trabalhadores humanos e as instituições entrem em competição com as máquinas, não contra elas mesmas.

Incentivando a Inovação Organizacional

Como podemos implementar a estratégia de "corrida com máquinas"? A solução é a inovação organizacional: co-inventar novas estruturas organizacionais, processos e modelos de negócios que alavanquem a tecnologia em desenvolvimento e as habilidades humanas. Joseph Schumpeter, um economista, descreveu isso como um processo de "destruição criativa" e deu aos empreendedores o papel central no desenvolvimento e propagação das inovações necessárias. Os empreendedores obtêm ricas recompensas porque o que eles fazem, quando fazem bem, é incrivelmente valioso e muito raro também.

Para dizer de outro modo, a estagnação de rendas médias e a polarização do crescimento de empregos é uma *oportunidade* para os empreendedores criativos. Eles podem desenvolver novos modelos de negócios que combinem os números de trabalhadores habilidosos com uma tecnologia cada vez mais barata para criar valor. Nunca houve uma época pior para se competir com máquinas, mas nunca houve uma época melhor para ser um empreendedor de talento.

A energia do empreendedorismo no setor técnico norte-americano liderou a mais visível reinvenção da economia. Google, Facebook, Apple e Amazon, entre outras, geraram centenas de bilhões de dólares de valor em ações, criando categorias de novos produtos, ecossistemas e até indústrias. Novas plataformas alavancam a tecnologia para criar mercados que abordam a crise do emprego unindo máquinas e habilidades humanas de modos novos e inesperados:

- eBay e Amazon Marketplace incentivaram mais de 600 mil pessoas a ganharem a vida sonhando com produtos novos, melhores, simplesmente diferentes ou mais baratos para uma base internacional de clientes. A Long Tail, que cria novos produtos, ofereceu grande valor de consumo e é um segmento em rápido crescimento da economia.

- A App Store da Apple e o Android Marketplace da Google facilitam que as pessoas com ideias para aplicativos os criem e distribuam.

- Na Threadless, as pessoas criam e vendem suas estampas de camisetas. O Mechanical Turk, da Amazon, facilita que se encontre trabalho barato para realizar uma série de tarefas simples. Kickstarter vira esse modelo de cabeça para baixo e ajuda designers e artistas criativos a encontrarem patrocinadores para seus projetos.

- A Heartland Robotics oferece robôs baratos que possibilitam a pequenos empresários estabelecerem rapidamente uma fábrica altamente automatizada, reduzindo drasticamente os custos, aumentando a flexibilidade da manufatura.

De modo coletivo, esses novos negócios criaram, diretamente, milhões de novos empregos.[7] Alguns deles também geram plataformas para milhares de outros empreendedores. Nenhum deles pode inventar negócios bilionários, mas coletivamente, podem fazer mais para criar empregos e riqueza que a maior parte dos empreendimentos bem-sucedidos.

Como o grande teorista de mercados Friedrich Hayek disse, parte do conhecimento mais valioso em uma economia é dispersado entre indivíduos:

> É conhecimento das circunstâncias especiais de tempo e lugar... saber e colocar em uso uma máquina pouco usada, ou empregar melhor a habilidade de uma pessoa, ou saber de um estoque que pode ser usado durante a interrupção de um produto, tudo isso é quase tão útil quanto o conhecimento de técnicas alternativas melhores. E o expedidor que ganha a vida com lotação vazia ou meio vazia de navios, ou o agente cujo conhecimento é quase exclusivamente de oportunidades temporárias, ou o investidor que ganha com as diferenças regionais de preços, estão todos realizando funções eminentemente úteis com base em conhecimento especial ou circunstâncias momentâneas não conhecidas por outros.

---

7 Também vale a pena notar que algumas empresas importantes não precisam criar trabalhos remunerados para gerar valor na economia. Por exemplo, a Wikipedia tem um modelo que é totalmente separado da economia financeira, mas mesmo assim oferece recompensas e valor. A julgar pelas preferências reveladas dos participantes, a Wikipedia oferece recompensas não monetárias suficientes para atrair milhões de contribuintes com talentos e especialidades diversos para criar grande valor. Ao pensar na economia em desenvolvimento, precisamos nos lembrar da hierarquia de Abraham Maslow das necessidades além das coisas materiais.

Felizmente, as tecnologias digitais criam grandes oportunidades para que os indivíduos usem sua técnica e conhecimento amplo em benefício de toda a economia. Como resultado, a tecnologia permite cada vez mais oportunidades para o que o economista--chefe do Google, Hal Varian, chama de "micromultinacionais" — negócios com menos de uma dúzia de empregados que vendem para clientes no mundo todo e costumam depender de redes de produtos e parceiros. Apesar de a multinacional comum do século XX ser parte de um pequeno número de megaempresas com enormes custos fixos e milhares de funcionários, o século seguinte dará espaço a milhares de pequenas multinacionais com custos fixos baixos e um pequeno número de funcionários cada. Os dois modelos podem empregar números parecidos de pessoas de modo geral, mas o último tem chances de ser mais flexível.

Mas existem oportunidades suficientes para todos esses empreendedores? Estamos carentes de inovações?

Quando os negócios se baseiam em bits e não em átomos, cada novo produto aumenta os blocos de construção disponíveis ao empreendedor seguinte em vez de acabar com o estoque de ideias, assim como os minerais ou as terras são devastados no mundo físico. Novos negócios digitais costumam ser recombinações, ou parcerias, de negócios anteriores. Por exemplo, um aluno de nossa sala no MIT criou um aplicativo simples de compartilhamento de fotos para o Facebook. Apesar de ter pouco conhecimento formal de programação, seu aplicativo é robusto e com aparência profissional, e foi concebido em alguns dias usando ferramentas-padrão. Dentro de um ano, ele tinha mais de 1 milhão de usuários. Isso se tornou possível porque sua inovação alavancou a base de usuários do Facebook, que por sua vez alavancou a World Wide Web, que por sua vez alavancou os protocolos de Internet, que por sua vez alavancou os computadores baratos da Lei de Moore e muitas outras inovações. Ele não poderia ter criado valor para seus milhões de usuários sem a existência prévia dessas invenções. Como o processo de inovação costuma depender muito da combinação e recombinação de inovações anteriores, quanto maior e mais profunda for a rede de ideias e indivíduos acessíveis, mais oportunidades haverá para a inovação.

Não corremos perigo de ficar sem novas combinações para tentar. Mesmo que a tecnologia se congelasse hoje, temos mais possibilidades de configurar os diferentes aplicativos, máquinas, tarefas e canais de distribuição para criar novos processos e produtos do que podemos esgotar.

Aqui está uma prova simples: imagine que as pessoas em uma empresa pequena escrevam suas tarefas do trabalho — uma tarefa por cartão. Se houvesse apenas 52 tarefas na empresa, tantas quanto as cartas em um baralho comum, então haveria 52 maneiras diferentes de organizar essas tarefas.[8] Isso é muito mais do que o número de grãos de arroz na segunda metade de um tabuleiro de xadrez ou até metade ou um terço de um tabuleiro cheio. A explosão de combinações é uma das poucas funções matemáticas que ultrapassa uma tendência exponencial. E isso quer dizer que a inovação de combinações é a melhor maneira para que a sabedoria humana permaneça na corrida com a Lei de Moore.

A maioria das combinações pode não ser melhor do que a que já temos, mas algumas certamente serão, e muito poucas serão grandes melhorias. O segredo é encontrar aquelas que fazem diferença positiva. A experimentação paralela por milhões de empreendedores é o melhor e mais rápido meio de se fazer isso. Como Thomas Edison disse, certa vez, ao tentar encontrar

---

8 52! É abreviatura de 52 X 51 X 50 X ... X 2 X 1, que ultrapassa 8,06 X 10^{67}. É aproximadamente o número de átomos em nossa galáxia.

a combinação certa de materiais para uma lâmpada funcionar: "Não fracassei. Apenas encontrei 10 mil maneiras que não funcionam". Multiplique isso por dez milhões de empreendedores e será possível começar a ver a escala do potencial de inovação da economia. A maioria desse potencial continua inexplorado.

À medida que a tecnologia possibilita que mais pessoas abram negócios em escala nacional ou até global, mais pessoas poderão lucrar. Enquanto a economia dos vencedores-levam-tudo pode levar a recompensas muito desproporcionais ao principal agente de cada mercado, o segredo é que não existe teto automático para o número de diferentes mercados que podem ser criados. Em princípio, dezenas de milhões de pessoas poderiam ser um agente líder — até mesmo o principal especialista — em dezenas de milhões de campos distintos de criação de valor. Pense neles como micro-especialistas para macro-mercados. O especialista em tecnologia Thomas Malone chama isso de "era de hiperespecialização". As tecnologias digitais tornam possível aumentar essa especialidade de modo que todos nos beneficiemos desses talentos e criatividade.

Investindo em Capital Humano

A tecnologia avança mais depressa conforme entramos na segunda metade do tabuleiro. Para acompanharmos, precisamos não apenas de inovação organizacional, orquestrada pelos empreendedores, mas também de uma segunda estratégia mais ampla: investimentos no capital humano complementar — a educação e as habilidades exigidas para tirarmos o máximo da tecnologia. Os empreendedores sábios podem inventar e inventarão maneiras de criar valor empregando funcionários ainda menos habilidosos. No entanto, a mensagem que o mercado de trabalho está mandando é que é muito mais fácil criar valor com trabalhadores altamente preparados.

Infelizmente, nosso progresso educacional está parado e, como falamos no Capítulo 3, isso se reflete nas rendas estagnadas e no número menor de empregos. O trabalhador médio não está se mantendo a par das tecnologias de ponta. Apesar de os Estados Unidos já terem sido o líder da educação de seus cidadãos, eles caíram de primeiro a décimo na proporção de cidadãos que são formados na faculdade. Os altos custos e a baixa performance do sistema educacional americano são sintomas clássicos da baixa produtividade nesse setor. Apesar da importância da produtividade para os padrões de vida de modo geral, e a importância desproporcional da educação para a produtividade, há muito pouco empenho sistemático em medir, muito menos em melhorar, a produtividade da educação em si.

Não é coincidência que o setor educacional também esteja atrasado na adoção das tecnologias da informação. Métodos de ensino básicos, envolvendo uma professora falando para fileiras de alunos passivos, mudaram pouco em séculos. Como diz a piada, é um sistema para transmitir informação das anotações do professor para as anotações dos alunos sem passar pelo cérebro de ninguém. Em muitas salas de aula, a tecnologia principal de instrução é literalmente um pedaço de giz que rabisca uma lousa.

A interpretação otimista é que temos grande potencial para melhorias na educação. À medida que a educação se torna cada vez mais digital, os educadores podem experimentar e manter abordagens alternativas, medir e identificar o que funciona, dividir suas descobertas e repetir as melhores abordagens em outros assuntos e lugares. Também permite o desenrolar de instrução, a avaliação e a certificação, o que incentiva os sistemas educacionais a serem baseados mais em resultados verdadeiros e mensuráveis e menos em sinalizar seleção, esforço e prestígio.

Além disso, ao usar a TI, a escala e a customização podem aumentar drasticamente. Um bom exemplo é o curso online gratuito de inteligência artificial da Stanford, que atraiu pelo menos 58 mil alunos. O curso usa redes sociais para divulgar material e acompanhar todos os alunos de modo individual, aumentando radicalmente a produtividade dos instrutores, diminuindo os custos para os alunos e, pelo menos a princípio, entregando um produto de qualidade que não estaria acessível, de outro modo, à maioria dos participantes. O MIT oferece aulas parecidas, mas menores, usando uma mistura de tecnologias da informação e comunicação há mais de uma década, principalmente em seu programa de Design e Administração de Sistema. Alunos de empresas do mundo todo usam uma combinação de tecnologias da informação e comunicação para interagirem com os professores do MIT e com instrutores de cada grupo de alunos.

A Khan Academy oferece mais de 2.600 vídeos educacionais e 144 módulos de autoavaliação gratuitamente na Internet. Os alunos podem aprender no próprio ritmo, parando e voltando os vídeos conforme necessário, obtendo "autoridade" para demonstrar domínio de diversas habilidades e conhecimento, e melhorando seu currículo com a série de módulos cada vez maior. Os alunos fizeram 70 milhões de acesso à Khan Academy até agora. Uma infraestrutura crescente facilita que o progresso seja acompanhado por pais e professores.

Uma abordagem cada vez mais comum usa as ferramentas da Khan Academy para mudar o modelo tradicional de sala de aula, deixando os alunos assistirem às aulas em vídeo em casa e pedindo a eles que façam exercícios de "lição de casa" na sala enquanto um professor circula por eles, ajudando cada aluno individualmente com as dificuldades específicas em vez de dar a mesma explicação a todos de uma vez.

Combinar videoconferência, software e redes de trabalho com professores e tutores tem muitas vantagens. Os melhores professores "astros" podem ser "repetidos" por meio da tecnologia, dando a mais alunos a chance de aprender com eles. Além disso, os alunos podem aprender no próprio ritmo. Por exemplo, o software pode perceber quando os alunos estiverem tendo dificuldades e precisarem de mais detalhes, repetições ou talvez de um ritmo mais lento, e também quando eles estiverem compreendendo o conteúdo e puderem aprender mais. Os professores humanos, tutores e colegas podem ser incorporados facilmente ao sistema para oferecer valores que a tecnologia não consegue, como apoio emocional, orientação e uma avaliação menos estruturada.

Por exemplo, a escrita criativa, a instrução para a arte nem sempre são tão agradáveis para os softwares com regras ou aprendizado a distância. Concordamos com o presidente John Maeda, da Rhode Island School of Design, de que a mudança de STEM (Science, Technology, Engineering e Mathematics) para STEAM (acrescentando a palavra "arte") é a visão certa para melhorar a inovação. A tecnologia e os sistema de educação têm de ser compatíveis com essa visão.

Em especial, habilidades como liderança, formação de equipe e criatividade serão cada vez mais importantes. Elas são as áreas com menor probabilidade de serem automatizadas e com maior demanda em uma economia dinâmica e empreendedora. Ao mesmo tempo, os formandos que procuram um tipo comum de emprego, no qual alguém diga a eles o que fazer todos os dias, verão a si mesmos cada vez mais competindo com máquinas, que são excelentes em seguir instruções detalhadas.

Os Limites para a Inovação Organizacional e Investimento no Capital Humano

Somos incentivados pelas oportunidades que aparecem para combinar capital digital, organizacional e humano para criar riqueza: tecnologia, empreendedorismo e educação – uma combinação extraordinariamente poderosa. Mas nós queremos enfatizar que essa combinação não consegue resolver todos os nossos problemas.

Em primeiro lugar, nem todo mundo pode ou deve ser um empreendedor, e nem todo mundo pode ou deve passar 16 anos ou mais na escola. Em segundo lugar, há limites para o poder do empreendedorismo americano na criação de empregos. Um relatório de pesquisa de 2011 para a Kauffman Foundation, feito por E. J. Reddy e Robert Litan, descobriu que apesar de o número total de novos negócios abertos anualmente nos Estados Unidos ter permanecido estável, o número total de pessoas empregadas por eles tem diminuído nos últimos anos. Isso pode ser porque a tecnologia moderna permite que uma empresa comece mais enxuta e permaneça assim ao se desenvolver.

Em terceiro lugar, e mais importante, mesmo quando os seres humanos estão competindo com máquinas e não uns com os outros, ainda existem vencedores e perdedores, como descrevemos no Capítulo 3. Algumas pessoas, talvez até muitas, conseguem ver sua renda estagnar ou mesmo diminuir e seus empregos desaparecerem enquanto o crescimento geral continua.

Quando um número significativo de pessoas vê seus padrões de vida caírem apesar do crescimento econômico, isso ameaça o contrato social da economia e até a base social da sociedade. Uma reação instintiva é simplesmente redistribuir a renda para aqueles que foram afetados. Apesar de a redistribuição melhorar os custos materiais da desigualdade, e isso não é ruim, não aborda a raiz dos problemas que nossa economia está enfrentando. Por si, a redistribuição não faz nada para tornar os trabalhadores desempregados produtivos de novo. Além disso, o valor do trabalho remunerado é muito maior do que o dinheiro recebido. Também existe o valor psicológico que quase todas as pessoas colocam ao fazer algo útil. O ócio forçado não é a mesma coisa que o lazer voluntário. Franklin D. Roosevelt diz isso com eloquência:

Nenhum país, por mais rico que seja, pode perder recursos humanos. A desmoralização causada pelo grande desemprego é nossa maior extravagância. Moralmente, é a maior ameaça à nossa ordem social.

Assim, nós concentramos nossas recomendações em criar maneiras para que todos contribuam de modo produtivo para a economia. Conforme a tecnologia continua avançando, ela pode aumentar a distância entre o rápido e o lento em muitas dimensões. As inovações organizacionais e institucionais podem recombinar o capital humano com máquinas para criar o amplo crescimento da produtividade. Aqui concentramos nossas recomendações.

Em Direção a um Plano de Ação

Ao diagnosticar o motivo da renda média estagnada, ficamos em uma posição de prescrever soluções. Elas envolvem acelerar a inovação organizacional e a criação de capital humano para acompanhar o ritmo da tecnologia. Há pelo menos 19 passos específicos que podemos tomar para isso.

Educação

1. Investir em educação. Começar simplesmente pagando mais aos professores de modo que mais dos melhores e mais inteligentes busquem essa profissão, como acontece em outros países. Os professores americanos ganham 40% menos do que um recém-formado na universidade. Os professores são

alguns dos mais importantes criadores de riqueza dos Estados Unidos.

Aumentar a quantidade e a qualidade do trabalho especializado oferece lucro dobrado, aumentando o crescimento econômico e reduzindo a desigualdade de renda.

2. Manter os professores responsáveis pelo desempenho, por exemplo, eliminando a estabilidade. Isso deveria fazer parte do acordo para um salário mais alto.

3. Separar a instrução de alunos de provas e certificações. Concentrar-se no ensino mais do que em resultados verificáveis e desempenho mensurável e menos em marcar tempo, esforço ou prestígio.

4. Manter alunos do ensino fundamental na sala de aula por mais horas. O motivo pelo qual os alunos norte-americanos perdem de concorrentes internacionais é simplesmente porque recebem um mês a menos de ensino por ano.

5. Aumentar a proporção de trabalhadores especializados nos Estados Unidos incentivando a chegada de imigrantes capacitados. Oferecer *green cards* a alunos estrangeiros quando terminarem o ensino superior, principalmente em ciência e engenharia em universidades aprovadas. Expandir o programa de visto H-1B. Os trabalhadores capacitados nos Estados Unidos costumam criar mais valor quando trabalham com outros trabalhadores capacitados. Uni-los pode aumentar a inovação e o crescimento mundial.

Empreendedorismo

6. Ensinar empreendedorismo como uma habilidade não apenas em escolas de administração de elite, mas em toda a educação superior. Incentivar uma classe mais ampla de em-

preendedores técnicos e de classe média ensinando a eles o básico da criação e administração.

7. Incentivar o empreendedorismo nos Estados Unidos criando uma categoria de vistos para empreendedores, como aqueles no Canadá e em outros países.

8. Criar câmara de compensação e bases de dados para facilitar a criação e a disseminação de estruturas para novos negócios. Um conjunto de pacotes padronizados para empresas pode suavizar o caminho para novos empreendedores em muitas indústrias. Elas podem variar de oportunidades de franquias a "manuais" digitais que oferecem estrutura para operação. O treinamento deve ser suplementado com orientação para o empreendedorismo conforme a natureza do trabalho se desenvolver.

9. Agressivamente diminuir as barreiras governamentais para a criação de negócios. Em muitos setores, elaborar aprovações regulatórias é necessário em agências de vários níveis de governo. Elas costumam ter o objetivo implícito de preservar donos de negócios já existentes à custa de novos negócios e seus funcionários.

Investimento

10. Investir para melhorar as comunicações e a infraestrutura de transporte do país. A American Society of Civil Engineers deu nota D a nossa infraestrutura geral no momento. Melhorá-la trará benefícios de produtividade, facilitando o fluxo de ideias, pessoas e tecnologias. Também colocará muitas pessoas em contato direto. Não é preciso ser um especialista para acreditar que o melhor momento para fazer esses investimentos é quando houver folga no mercado de trabalho.

11. Aumentar o patrocínio para a pesquisa básica e para as nossas instituições governamentais, incluindo a National Science Foundation, o National Institutes of Health e o Defense Advanced Research Projects Agency (DARPA) com um foco renovado em bens intangíveis e inovação nos negócios. Como outras formas de pesquisa básica, esses investimentos costumam receber pouco patrocínio de investidores privados devido aos excedentes que criam.

Regras, Regulamentos e Taxas

12. Preservar a relativa flexibilidade dos mercados de trabalho americanos resistindo aos esforços de regular a contratação e a demissão. Impedir a demissão pode paradoxalmente diminuir a contratação tornando mais arriscado para as empresas contratarem, principalmente se estiverem testando novos produtos e modelos de negócios.

13. Tornar comparativamente mais atraente contratar uma pessoa do que comprar mais tecnologia. Isso pode ser feito, entre outras coisas, diminuindo os salários dos funcionários e oferecendo subsídios ou isenções de taxas para empregar pessoas que estavam fora do mercado há muito tempo. Impostos sobre tráfego e poluição podem compensar as taxas de trabalho reduzidas.

14. Separar os benefícios trabalhistas para aumentar a flexibilidade e o dinamismo. Vincular o plano de saúde e outros benefícios ao emprego dificulta quando as pessoas mudam para novos empregos ou começam novos negócios. Por exemplo, muitos empreendimentos em potencial têm sido bloqueados pela necessidade de se manter o plano de saúde. A Dinamarca e a Holanda abriram esse caminho aqui.

15. Não se apressar para regular novos negócios. Alguns observadores sentem que "crowdsourcing" em negócios, como o Mechanical Turk, da Amazon, explora seus membros, que deveriam ser mais bem protegidos. No entanto, principalmente nesse primeiro período experimental, os desenvolvedores dessas plataformas inovadoras deveriam receber máxima liberdade para inovar e experimentar. As decisões de seus membros de participar deveriam ser valorizadas, não dispensadas.

16. Eliminar ou reduzir o grande subsídio para financiamentos imobiliários. Isso custa mais de $130 bilhões por ano, que melhorariam muito mais o crescimento se fossem direcionados para pesquisa e educação. Apesar de a propriedade ter muitos benefícios, provavelmente *reduz* a mobilidade do trabalho e a flexibilidade econômica, o que entra em conflito com a necessidade crescente da economia por flexibilidade.

17. Reduzir os grandes subsídios implícitos e explícitos para os serviços financeiros. Esse setor atrai um número desproporcional das melhores mentes e tecnologias, em parte devido ao governo garantir instituições "grandes demais para fracassar".

18. Reformar o sistema de patentes. Além de haver a demora de anos para a emissão de boas patentes devido à provisão e falta de examinadores qualificados, muitas patentes de baixa qualidade são emitidas, lotando nossos tribunais. Assim, as patentes estão desestimulando a inovação em vez de incentivá-la.

19. Diminuir, em vez de alongar, os períodos de copyright e aumentar a flexibilidade dos direitos autorais. O copyright cobre muito conteúdo digital. Em vez de incentivar a inovação, como foi especificado na Constituição, muitas restrições,

como o Sonny Bono Copyright Term Extension Act, inibem a mistura e combinação de conteúdo e a possibilidade usá-lo de modo criativo.

Essas sugestões são apenas a ponta do iceberg de uma transformação maior que precisamos apoiar, não apenas para mitigar o desemprego e a desigualdade tecnológica, mas também para satisfazer o potencial por novas tecnologias para aumentar a economia e criar valor. Não estamos mostrando uma estrutura completa para o futuro — essa tarefa é inerentemente impossível. Em vez disso, procuramos iniciar uma conversa. Essa conversa será bem-sucedida se diagnosticarmos corretamente a diferença entre as tecnologias aceleradas e as organizações e habilidades estagnadas. As economias bem-sucedidas no século XXI serão aquelas que desenvolvam as melhores maneiras de incentivar a inovação organizacional e o desenvolvimento de habilidades, e convidamos nossos leitores para contribuirmos juntos com esse cronograma.

Capítulo 5

CONCLUSÃO: A FRONTEIRA DIGITAL

A tecnologia é um presente de Deus. Depois do dom da vida, talvez seja o maior dom de Deus. É a mãe das civilizações, das artes e das ciências.

— FREEMAN DYSON, 1988

Neste livro, nos concentramos em como as tecnologias digitais cada vez mais poderosas afetam as habilidades, os empregos e a demanda por trabalho humano. Enfatizamos que os computadores estão rapidamente entrando em áreas que costumavam ser de domínio apenas das pessoas, como comunicação complexa e reconhecimento avançado de padrões. E mostramos como isso pode fazer com que as empresas usem mais computadores e menos pessoas em conjuntos cada vez maiores de tarefas.

Vemos motivo para preocupação com esse fenômeno, porque acreditamos que um dos sinais para uma economia saudável é sua capacidade de oferecer empregos para todas as pessoas que querem trabalhar. Como mostramos, existe um bom motivo para acreditar que computadores cada vez mais poderosos têm, há algum tempo, substituído as habilidades humanas e os trabalhadores e diminuído a renda média e o crescimento de trabalhos nos Estados Unidos. Conforme avançamos para a segunda metade do tabuleiro de xadrez — para dentro de um período no qual aumentos exponenciais contínuos em informática rendem resultados surpreendentes — esperamos que as falhas econômicas também cresçam.

Registramos nossas preocupações aqui e sugerimos mudanças de política e outras intervenções para abordá-las. Mas claramente não somos pessimistas em relação à tecnologia e a seus impactos. Na verdade, este seria, originalmente, um livro a respeito de todos os benefícios que as tecnologias digitais modernas trouxeram ao mundo. Planejávamos chamá-lo de *A Fronteira Digital*, já que a imagem que sempre aparece é de um grande território se abrindo devido à inovação e à melhoria tecnológica.

Essa imagem ocorreu pela primeira vez enquanto realizávamos uma pesquisa para compreender o impacto da tecnologia digital na concorrência em todas as indústrias norte-americanas. Descobrimos que, quanto mais tecnologia uma indústria tinha, mais intensa a concorrência dentro dela se tornava. Em especial, as falhas de desempenho se tornaram maiores. A diferença, por exemplo, na margem de lucro entre as empresas grandes e pequenas ficou bem maior. Essa descoberta significa que algumas empresas — as principais — estavam na frente do resto para explorar novos modelos de negócios com tecnologia. Elas estavam se apropriando de uma fronteira digital, abrindo novo território no qual outros acabariam se estabelecendo.

Para realizar esta pesquisa, começamos a reunir exemplos de pioneiros digitais e práticas inovadoras, e reunimos um grupo de alunos e colegas para pensar e fazer pesquisa conosco. Nós nos chamamos de "Equipe de Fronteira Digital".

Mudamos de rumo com este livro porque quanto mais observamos, mais nos convencemos de duas coisas. Primeiro, que a questão do impacto da tecnologia nos empregos foi especialmente importante. A Grande Recessão e o ritmo do progresso técnico se combinaram para tornar a questão dos trabalhos crítica neste momento, o que é difícil para muitas pessoas. Quando pensamos em alguém tentando obter habilidades valiosas e entrar ou voltar para o mercado de trabalho agora, nós nos lembramos da velha maldição chinesa: "Que você viva períodos interessantes".

Em segundo lugar, vimos que poucas pessoas estavam se concentrando nos assuntos abordados aqui. Ao discutir trabalho e demissão, muita atenção é dada a assuntos como demanda, outsourcing e mobilidade de trabalho, mas pouca atenção é dada ao papel da tecnologia. Sentimos que essa era uma omissão grave e quisemos corrigi-la. Quisemos mostrar como a tecnologia tem ido longe e depressa recentemente, e quisemos destacar que as perspectivas e políticas atuais terão de mudar para seguir o ritmo.

Mas mesmo depois de escrever este livro, ainda acreditamos piamente na promessa da fronteira digital. A tecnologia já abriu um grande território e continuará a fazer isso. Pelo mundo, economias, sociedades e a vida das pessoas têm melhorado com os produtos digitais e de alta tecnologia; essas tendências alegres continuarão e provavelmente se acelerarão. Assim, queremos concluir este texto olhando para a fronteira digital emergente — uma rápida análise dos benefícios trazidos pela revolução digital que ainda se desdobra. Esses benefícios surgem das melhorias constantes resumidas pela Lei de Moore e discutidas no Capítulo 2, e também por causa das características de informação em si.

Um Mundo de Benefícios

A informação não se desgasta quando usada. Se Erik faz uma refeição, Andy não pode comê-la também, mas Erik consegue entregar um livro a Andy depois de terminar a leitura, e o livro em si (a menos que Erik tenha derrubado café nele) não será desgastado por Andy. Na verdade, provavelmente é *mais* valioso para ele depois que Erik termina a leitura, porque, assim, os dois ficarão com o conteúdo na mente e poderão usar a informação para gerar novas ideias de modo colaborativo.

E quando um livro ou outra fonte de informação é digitalizada, ainda mais possibilidades se abrem. Ele pode ser copiado diversas vezes com perfeição, e distribuído pelo mundo instantaneamente e sem custo adicional. Isso não tem nada a ver com a economia de produtos tradicionais e serviços que são o foco principal dos manuais-padrão. Pode ser um pesadelo para alguns detentores de direitos autorais, mas é ótimo para a maioria das pessoas. Nós dois, por exemplo, queremos que o maior número possível de pessoas consiga uma versão digital deste livro assim que terminarmos de escrevê-lo. Graças às plataformas de livros digitais e à internet, podemos alcançar essa visão. No mundo de antes, onde só existiam livros de papel, a publicação e a distribuição podiam demorar um ano, e as vendas se limitavam à disponibilidade física dos livros. A fronteira digital eliminou essa limitação.

A economia da informação digital, em resumo, é a economia, não de escassez, mas de abundância. É uma mudança fundamental e benéfica. Para usar um exemplo, a internet é agora o maior repositório de informação que já existiu na história da humanidade. Também é uma rede de distribuição eficiente e barata para toda essa informação. Por fim, é aberta e acessível de modo que mais e mais pessoas possam se unir a ela, acessar todas as suas ideia e contribuir com as suas.

Isso é incalculavelmente valioso, e um espaço para grande otimismo, mesmo se as coisas parecerem ruins agora, pois os computadores são máquinas que ajudam com ideias, e a economia vive de ideias. Como escreveu o economista Paul Romer:

> Toda geração tem notado os limites do crescimento que recursos findos e efeitos colaterais indesejados teriam se nenhuma nova ideia aparecesse. E toda geração tem subestimado o potencial de encontrar novas... ideias. O tempo todo, não consegui-

mos imaginar quantas ideias ainda precisam ser descobertas... Possibilidades não se acumulam; elas se multiplicam.

Pode parecer que não temos grandes ideias no momento, mas certamente é uma ilusão. Como disse David Leonhardt, quando Bill Clinton reuniu os homens mais inteligentes da nação para discutir a economia em 1992, ninguém mencionou a internet.

Romer também diz que "talvez as ideias mais importantes de todas sejam as meta-ideias — ideias a respeito de como ajudar a produção e a transmissão de outras ideias". A fronteira digital é uma meta-ideia dessas — ela gera mais ideias e as divide melhor do que qualquer coisa que criamos. Então, ou uma grande quantidade de ideias básicas a respeito da economia e do crescimento é errada ou várias informações úteis surgiram dessa fronteira. Estamos apostando nesta última possibilidade.

Em um nível menos abstrato e mais pessoal, a fronteira digital também está melhorando nossas vidas. Se você tem acesso à internet e a um aparelho com conexão hoje em dia, em geral é grátis e fácil manter contato com as pessoas que são importantes para você. Vocês podem usar recursos como Skype, Facebook e Twitter e enviar mensagens, fazer chamadas de voz e de vídeo, compartilhar fotos e vídeos, e contar a todos o que estão fazendo e como estão. Como qualquer namorado ou pai pode atestar, não são capacidades triviais; são impagáveis.

Muitos de nós usamos esses recursos com tanta frequência que não os valorizamos, mas todos têm menos de dez anos. A fronteira digital de 2011 já foi grande, mas se tornou ainda maior na última década, e enriqueceu nossa vida ao fazer isso.

Vemos esse mesmo fenômeno para onde olhamos. O mundo em desenvolvimento, por exemplo, foi transformado pelos celulares. Nós, em países ricos, há muito tempo nos esquecemos de como

Novas Tecnologias versus Empregabilidade ◆ 91

é viver em isolamento — não ter uma maneira fácil de se comunicar além do que nossas vozes e corpos pudessem alcançar. Mas tamanho isolamento era a triste realidade para bilhões de pessoas no mundo, até o celular aparecer.

Quando apareceu, os resultados foram de arrepiar. Um ótimo estudo realizado pelo economista Robert Jensen mostrou, por exemplo, que assim que os telefones celulares se tornaram disponíveis nas regiões pesqueiras de Kerala, na Índia, o preço da sardinha caiu e se estabilizou, mas os lucros dos pescadores aumentou. Isso aconteceu porque, pela primeira vez, os pescadores tiveram acesso ao preço em tempo real e pediam informação aos mercados, que usavam para tomar decisões que eliminaram totalmente o desperdício. Resultados assim ajudam a explicar por que houve mais de 3,8 bilhões de novas contas de telefone celular em países em desenvolvimento até o fim de 2010, e por que a revista *The Economist* escreveu que "a difusão em países pobres não está apenas remoldelando a indústria — está mudando o mundo".

À medida que as tecnologias digitais tornam os mercados e os negócios mais eficientes, eles beneficiam todos os seus consumidores. Conforme aumentam a transparência e a responsabilidade do governo e nos dão novas maneiras de sermos ouvidos, eles nos beneficiam como cidadãos. E conforme nos colocam em contato com ideias, conhecimento, amigos e entes queridos, eles nos beneficiam como seres humanos.

Então, à medida que conforme observamos a abertura da fronteira digital, estamos muito otimistas. A história testemunhou três revoluções industriais, todas associadas com uma tecnologia de propósito geral. A primeira revolução, movida a vapor, mudou tanto o mundo que, de acordo com o historiador Ian Morris, ela "riu de tudo o que havia acontecido antes". Permitiu aumentos enormes e sem precedentes na população, desenvolvimento social e melhores padrões de vida. A segunda, com base na eletricidade, permitiu que essas tendências benéficas continuassem e levassem a uma forte aceleração da produtividade no século XX. Em cada caso, houve interrupções e crises, mas no fim, a humanidade ficou muito melhor do que antes.

A terceira revolução industrial, que está se desenrolando agora, é movida pelos computadores e pelas redes. Como as duas anteriores, demorará décadas para se abrir. E tal qual as duas primeiras, levará a mudanças drásticas no caminho do desenvolvimento humano e da história. As voltas e interrupções nem sempre serão fáceis de atravessar. Mas temos confiança de que a maioria dessas mudanças será benéfica, e que nós e nosso mundo prosperaremos na fronteira digital.

Agradecimentos

Temos falado sobre as ideias que entraram neste livro há algum tempo, e com muitas pessoas. Reunimos um grupo fantástico de colegas que encontramos na equipe da Digital Frontier— um grupo de alunos e pesquisadores do MIT que dedicaram grande parte de seu tempo ao longo de um ano para falar conosco, abordar fatos, números e exemplos, e falar sobre o que estava acontecendo entre a tecnologia e a economia. Entre os membros da equipe, estavam Whitney Braunstein, Claire Calméjane, Greg Gimpel, Tong Li, Liron Wand, George Westerman e Lynn Wu. Somos extremamente gratos a eles. Além disso, Mona Masghati e Maya Bustan ajudaram muito Andy com sua pesquisa, e Heekyung Kim e Jonathan Sidi fizeram a mesma coisa por Erik.

Somos gratos pelas conversas sobre tecnologia e empregos com nossos colegas do MIT, incluindo Daron Acemoglu, David Autor, Frank Levy, Tod Loofbourrow, Thomas Malone, Stuart Madnick, Wanda Orlikowski, Michael Schrage, Peter Weill e Irving Wladawsky-Berger. Além disso, Rob Atkinson, Yannis Bakos, Susanto Basu, Menzie Chinn, Robert Gordon, Lorin Hitt, Rob Huckman, Michael Mandel, Dan Snow, Zeynep Ton e Marshall van Alstyne foram muito generosos com suas contribuições. Também nos beneficiamos muito conversando com pessoas da indústria que estão fazendo e usando tecnologias incríveis, incluindo Rod Brooks, Paul Hofmann Ray Kurzweil, Ike Nassi e Hal Varian.

Apresentamos algumas das ideias contidas aqui a plateias em seminários no MIT, na Harvard Business School, Northwestern, NYC, UC/Irvine, na Annenberg School, da USC, SAP, McKinsey e no Information Tecnology and Innovation Foundation. Também apresentamos um trabalho relacionado em conferências, incluindo WISE, ICIS, Techonomy, e o Aspen Ideas Festival. Recebemos *feedback* muito valioso em cada uma dessas sessões.

A coisa mais importante que aprendemos foi que o tema da influência da tecnologia em relação ao emprego chama a atenção das pessoas imediatamente, por isso moldamos nossa pesquisa de modo adequado. O organizador da Techonomy, David Kirkpatrick se mostrou interessado em dar início a uma conversa de alto nível a respeito de computadores, robôs e empregos.

Pedimos a um pequeno grupo de pessoas que lessem os primeiros rascunhos do manuscrito. Martha Pavlakis, Anna Ivey, George Westerman, David McAfee, Nancy Haller, John Browning, Carol Franco e Jeff Kehoe concordaram e afiaram nossas ideias e nosso texto. Andre e Dana Meyer da Working Knowledge lapidaram ainda mais, e Jody Berman ofereceu revisão e edição impecáveis. Agradecemos a Greg Leutenberg pelo design de capa.

O MIT Center for Digital Business (CDB) tem sido a casa ideal a partir da qual realizar esse trabalho, e somos especialmente gratos a nosso colega David Verrill, diretor executivo do CDB. David faz o local funcionar de uma maneira bonita; será a última pessoa a ser substituída por uma máquina.

Não somos mentores de quase nenhuma das ideias apresentadas aqui, mas enfatizamos que os erros são 100% nossos.

Autores

Erik Brynjolfsson é professor do MIT Sloan School of Management, diretor do MIT Center for Digital Business, presidente da *Sloan Management Review*, um grupo de pesquisa no National Bureau of Economic Research, e coautor de *Wired for Innovation: How IT is reshaping the Economy*. Ele se formou pela Harvard University e pelo MIT.

Andrew McAfee é cientista, pesquisador e diretor adjunto do MIT Center for Digital Business na Sloan School of Management. É autor de *Enterprise 2.0: New Collaborative Tools for Your Organization's Toughest Challenges*. Formou-se pelo MIT e pela Harvard University.

NOTAS

Capítulo 1

Página
9 Aristóteles, *Política*. Trans. William Ellis, Middlesex, UK: Echo Library, 2006. Impresso
10 Cálculos da economista Laura D'Andrea Tyson: http://economix.blogs.nytimes.com/2011/07/29/jobs-deficit-investment-deficit-fiscal-deficit/
10 Aumento no desemprego entre maio de 2007 e outubro de 2009: http://data.bls.gov/cgi-bin/surveymost?1
10 O período médio de desemprego em meados de 2011: http://data.bls.gov/timeseries/LNS11300000
10 Índice de participação na força de trabalho: http://data.bls.gov/timeseries/LNS11300000
10 Proporção de adultos em idade de trabalho com empregos: http://www.usatoday.com/money/economy/employment/2011-04-13-more-americans-leave-labor-force.htm
10 Economista vencedor do Prêmio Nobel Paul Krugman descreveu o desemprego como "um flagelo terrível": http://www.nytimes.com/2011/05/30/opinion/30krugman.html?_r=2&partner=rssnyt&emc=rss
10 Jovens formados que não têm a chance de começarem em suas carreiras: http://www.nytimes.com/2011/06/10/opinion/10krugman.html?_r=2&partner=rssnyt&emc=rss
11 Don Peck descreveu o desemprego crônico: http://www.theatlantic.com/business/archive/2011/07/why-unemployment-matters/241658/
11 Megan McArdle pediu aos leitores que visualizassem pessoas que estavam sem emprego havia muito tempo: http://www.theatlantic.com/business/archive/2011/07/why-unemployment-matters/241658
11 Aumento do PIB teve média de 2,6% nos sete trimestres depois do fim da recessão: http://www.bea.gov/iTable/iTable.cfm?ReqID=9&step=1
11 Lucros das empresas americanas chegaram a novos recordes: http://blogs.hbr.org/fox/2010/11/the-real-story-behind=those-respondeu.hml

11 Em 2010, o investimento em equipamento e em software voltou a 95% de seu pico histórico: http://research.stlousfed.org/fred2/series/NRIPDCA
11 A mais rápida recuperação de investimento em equipamentos em uma geração: http://www.epi.org/files/FigureA.png
11 O volume de demissões rapidamente voltou aos níveis pré-Recessão: http://www.theatlantic.com/business/archive/2011/07/why-unemployment-matters/241658
12 Paul Krugman escreve: "Todos os fatos sugerem que o alto desemprego nos Estados Unidos é o resultado de demanda inadequada – ponto": http://www.nytimes.com/2010/09/27/opinion/27krugman.html
12 Peter Orszag escreve: "o impedimento básico para levar os americanos desempregados de volta ao trabalho é o fraco crescimento": http://www.bloomberg.com/news/2010-07-13/hard-slog-the-real-future-of-the-u-s--economy-peter-orszag.html
13 A família média nos Estados Unidos ganhou menos em 2009 do que em 1999: http;//www.theatlantic.com/magazine/archive/2011/09/can-the-middle-class-be-saved/8600/?single_page=true
13 Leo Tilman e Edmund Phelps concordaram com a estagnação: http://hbr.org/2010/01/wanted-a-first-national-bank-of-innovation/ar/1
14 Michael Spence analisou a grande equalização em preços como renda e suas implicações para a convergência em padrões de vida: http://www.tehnextconvergence.com/
15 Wassily Leontief disse, em 1983, que "o papel dos seres humanos como o fator mais importante de produção tende a diminuir da mesma maneira que o papel dos cavalos na produção agrícola diminuiu e então foi eliminado pela produção de tratores": http://books.google.com/books?id=p7w9lp2rZvcC&página=PA77&lpg=PA77&de que=The+role+of+humans+as+the+most+importante+fator+of+production#v=onepage&que=The%20%role%20of%20humans%20as%20the%20most%20importante%20fator%20of%20production&f=false
15 Brian Arthurdiz que a "segunda economia" já existe na forma de automação digital: http://www.mckinseyquarterly.com/The_second_economy_2853
16 "The Rise in Long Term Unemployment: Potential causes and implications" não contém as palavras *computador, software, hardware* ou *tecnologia* em seu texto: http://richmondfed.org/publications/reserach/annual_report/2010/pdf.article.pdf
16 Trabalho publicado em 2011 pela International Monetary Fund, intitulado "New Evidence ontem Cyclical and Structural Sources of Unemployment": http://www.imf.org/external/pubs/cat/longres.aspx?sk=24832.0
16 Trabalho publicado em 2011 pela International Monetary Fund, intitulado "Has the great recession raised U.S. structural unemployment": http://www.imf.org/external/pubs/ft/wp/2011/wp11105.pdf

16 Farhad Manjoo na revista on-line *Slate*: "A maioria dos economistas não está considerando que ... a economia — ainda está à margem": http://www.slate.com/articles/technology/robot_invasion/2011/09/will_robots_steal_your_job.single.html

Capítulo 2

21 Arthur C. Clarke, 1962: http://www.isfdb.org/cgi-bin/possível.cgi?262388
21 Levy, Frank e Richard J. Murnane. *The New Division of Labor: How computers are changing the next job Market*. Princeton University Press, 2004. Impresso.
21 Frank Levy: http://web.mit.edu/flevy/www/
21 Richard J. Murnane: http://www.gse.harvard.edu/directory/faculty/faculty-detail/?fc=321&flt=m&sub=all
22 Os resultados do primeiro DARPA Grand Challenge: http://en.wikipedia.org/wiki/DARPA_Grand_Challenge
22 Anúncio do Google em seu blog oficial: http://googleblog.blogspot.com/2010/10/what-were-driving-atenção.html
23 Lionbridge anunciou clientes coorporativos para GeoFluent: http://en-us.lionbridge.com/Company.aspx?pageid=2845&LangType=1033
25 Entrevista de Eric Brown: http://www.kurzweilai.net/how-watson-works-a--conversation-with-eric-brown-ibm-research-manager
27 Ken Jennings acrescentou: "Eu dou as boas-vindas aos nossos senhores da nova informática": http://www.aoltv.com/2011/02/16/ken-jennings-message-for-ibm-supercomputer-watson-jeopardy/
27 Artigo de 1965 na *Electronics Magazine*: http://www.cs.utexas.edu/~fussell/courses/cs352h/papers/moore.pdf
27 Modificações posteriores mudaram o tempo exigido para que a duplicação ocorresse; o período mais aceitado no momento é de 18 meses: http://news.cnet.com/2100-1001-984051.html
28 Lei de Moore: http://en.wikipedia.org/wiki/Moore%27s_law
28 Martin Grotschel analisou a velocidade com que o problema de padronização padrão poderia ser resolvido pelos computadores: http://www.whitehouse.gov/sites/default/files/microsites/ostp/pcast-nitrd-report-2010.pdf
28 Versões da história: http://en.wikipedia.org/wiki/Wheat_and_chessboard_problem
30 Timothy Bresnahan e Manuel Trajtenberg afirmam: Períodos completos de progresso técnicos e crescimento econômico parecem ser guiados pelos GPTs: http://papers.ssrn.com/sol3/papers.cfm?abstract_id=282685

31 Economistas Susanto Basu e John Fernald destacam como o GPT permite partidas dos negócios como sempre: http://www.frbsf.org/publications/economics/review/2008/er1-15.pdf
32 Colaboração da IBM com a Columbia University Medical Center e a University of Maryland School of Medicine: http://www.03.ibm.com/press/us/en/pressrelease/33726.wss regulamentações do Nevada Department of Motor Vehicles cobrindo veículos autônomos nas estradas estaduais: http://alerts.nationalsafetycommission.com/2011/06/nevada-legislature--votes-ontem-driverless.html
33 Médicos experientes usam "intuição": http://blogs.hbr.org/mcafee/2010/01/the-future-of-decision-making.html
33 História de março de 2011 de John Markoff no *New York Times*: http://www.nytimes.com/2011/03/05/science/05legal.html?pagewanted=1&_r=1&hp
33 Blackstone Discovery: http://blackstonediscovery.com/default.asp
34 Artigo no *Los Angeles Times*, por Alena Semuels: http://articles.latimes.com/2011/mar/04/business/la-fi-robot-retail-20110304
34 Durante a Grande Recessão, quase 1 em 12 pessoas trabalhando com vendas nos Estados Unidos perderam seus empregos: http://www.theatlantic.com/magazine/archive/2011/09/can-the-middle-class-be--saved/8600/?single_page=true
35 Robô humanoide caindo de escada: http://www.youtube.com/watch?v=ASoCJTYgYBO
35 Frase atribuída a um relatório de 1965 da NASA defendendo o voo espacial tripulado: http://www.comboculate.com/techquotes.php
35 Kurzweil, Ray. *The Singularity os Near: When Humans Transcend Biology*. Nova York, Nova York: The Viking Press, 2005. Impresso
36 Gerador online de resumos para trabalhos de ciência da computação para criar um formulário que fosse aceito para uma conferência técnica: http://pdos.csail.mit.edu/scigen
http://io9.com/5117892/computer+generated-paper-accepted-for-prestigious-technical-conference
36 StatsMonkey: http://www.npr.org/templates/story/story.php?storyId=122424166
37 O Prêmio Loebner: http://www.loebner.net/Prizef/loebner.prize.html

Capítulo 3

38 John Maynard Keynes, *Economic Possibilities for Our Grandchildren*, 1930. http://www.econ.yale.edu/smith/econ116a/keynes1.pdf
41 William Nordhaus: "em uma primeira análise, o valor econômico dos aumentos na longevidade no século XX é tão grande quanto o valor do crescimento medido em produtos e serviços não relacionados à saúde": http://www.nber.org/papers/w8818

44 Os outros quatro-quintos da população viram uma *diminuição* na riqueza em mais de 30 anos: http://w3.epi-data.org/temp2011/Briefingpaper324_FINAL%20(3).pdf
44 Segundo discurso de posse de Franklin D. Rooseveltem 1937: http://avalon.law.yale.edu/20th_century/froos2.asp
45 Estudo realizado por Steven J. Davis, Jason Faberman e John Haltiwanger: http://econweb.umd.edu/~haltiwan/jep.20.3.pdf
46 Menzie Chinn: http://www.econbrowser.com
46 Robert Gordon: http://faculty-web.at.northwestern.edu/economics/gordon/indexmsie.html
46 Pesquisa de Paul Samuelson sobre outsourcing e offshoring: http://www.ingentaconnect.com/content/aea.jep/2004/00000018/00000003/art00007
47 Clark, Gregory. *A Farewell to Alms: A Brief Economic History of the World.* Princeton, NJ: Princeton University Press, 2007. Impresso.
48 Literatura sobre a renda eficiente: http://sites.harvard.edu/filhos/doenças/icb.topic500592.files/yellen.pdf
49 Trabalho de Daron Acemoglu e David Autor: htttp://econ-www.mit.edu/files/5571
51 Figura 3.5: http://econ-www.mit.edu/files/7006
51 Estudo de David Autir, Lawrence Katz e Alan Krueger: http://econ-www.mit,edu/files/563
51 Estudo de Frank Levy e Richard Murnane: http://press.princeton.edu/titles/7704.html
51 Cerca de 25% de todo o trabalho agrícola de debulhar grãos: Clark, Gregory: *A Farewell to Alms: A brief economic history of the world.* Princeton, NJ: Princeton University Press.Impresso.
51 Jan Tinbergen. http://en.wikipedia.org/wiki/Jan_Tinbergen
51 Claudia Goldin e Larry Katz descreveram o SBTC resultante como "uma corrida entre educação e tecnologia": Goldin, Claudia e Larry Katz. *The race between education and technology.* Cambridge, MA: Belknap Press, 2008. Impresso
51 Estudos de Erik Brynjolfsson, Timothy Bresnahan, Lorin Hilt e Shinku Yang: http://papers.ssrn.com/sol3/papers.cfm?abstract_id=166994 http://ebusiness.mit.edu/research/papers/138_Erik_Intangigle_Assets.pdf
52 A Foxconn atualmente tem 10 mil robôs, com 300 mil esperados para o próximo ano: http://news.xinhuanet.com/english2010/china/2011-07/30/com_131018764.htm
53 Frank, Robert e Philip Cook. *Winner-Take-All Society: Why the few at the top get so much more than the resto f us.* Glencoe, IL: The Free Press, 1995. Impresso.
53 Artigo de 2008 da *Harvard Business Review*: http://hbr.org/2008/07/investing-in-the-it-that-makes-a-competitive-difference/ar/1

54 Melhorias na CVS propagadas por 4 mil lojas no mundo todo: http://hbr.org/product/pharmacy-service-improvemente-atenção-cvs-a/antes/606015-PDF-ENG
54 Pesquisa de Erik Brynjolfsson com Heekyung Kim a respeito da proporção dos salários de CEO ao salário do trabalhador comum: http://digital.mit.edu/erik/ITandOrg.html
54 Relatório de Emmanuel Saez: http://elsa.berkeley.edu/~saez?saez-UStopincomes-2006prel.pdf
55 Artigo de Kathleen Madigan a respeito dos gastos reais em equipamentos e software: http://blogs.wsj.com/economics/2011/09/28/its-maneira-vs--machine-and-man-is-losing/
56 Texto de Susan Fleck, John Glaser e Shawn Sprague: http://www.bls.gov/opub/mlr/2011/01/art3full.pdf
58 Discussão entre Daron Acemoglu e Russ Roberts a respeito do elo poderoso e distorcido entre a desigualdade e um campo de atuação sem nível: http://www.econtalk.org/archives/2011/02/acemoglu_on_ine.html
58 Argumento de Robert Reich de que uma dinâmica na qual superastros, com riqueza adicional, economizam grande parte dela enquanto concorrentes menos importantes diminuem o consumo foi, em parte, responsável pela Grande Depressão: http://www.washingtonblog.com/2010/12/extreme--inequality-helped-cause-both-the-great-depression-and-the-current--economic -crisis.html
58 Arnold Kling descreve em seu blog um modelo no qual trabalhadores de grande habilidade, com renda extra, podem escolher aumentar a diversão e as economias em vez de trabalhar mais horas. Enquanto isso, trabalhadores de pouca habilidade perdem o emprego, tornam-se incapacitados e largam a força de trabalho. Os dois grupos trabalham menos do que antes, e o resultado geral diminui: http://econlog.econlib.org/archives/2011/01/who_will_write.html
58 Artigo de Joseph Stiglitz a respeito da maior concentração de riqueza em um grupo relativamente pequeno: http://www.vanityfair.com/society/features/2011/05/top-one-percent-201105
59 Cerca de 90% dos norte-americanos trabalhavam na agricultura nos anos 1800; em 1900, eram 41%, e em 2000, apenas 2%: http://www.ers.usda.gov/publications/eib3/eib3.htm
60 Pesquisa de David Autor e David Dorn: http://econ-www.mit.edu/files/1474
60 Paradoxo de Moravec: http://en.wikipedia.org/wiki/Moravec'são_paradox

Capítulo 4

63 Havelock Ellis, *Little Essays of Love and Virtue*, 1922: http://www.gutenberg.org/files/15687/15687-h.htm

Novas Tecnologias versus Empregabilidade ♦ 103

65 Gary Kasparov escreve sobre competição de xadrez freestyle entre seres humanos e computadores: http://www.nybooks.com/articles/archives/2010/feb/11/the-chess-master-and-the-computer/
65 Tecnologias estão tornando os computadores ainda mais rápidos, menores, mais eficientes do ponto de vista energético e mais baratos com o passar do tempo: http://en.wikipedia.ork/wiki/Moore's _law
http://www.economicsofinformation.com/2011/09/isso-koomeys-law-eclipsing-moores-law.html
67 The Long Tail dos novos produtos ofereceram enorme valor de consumo e é um segmento em crescimento rápido da economia: http://papers.ssrn.com/sol3/papers.cfm?abstract_id=953587
67 Hierarquia de necessidades de Abraham Maslow se estende além das coisas materiais: http://en.wikipedia.org/wiki/Maslow's *hierarchy*_of_needs
68 Friedrich Hayek percebeu que parte do conhecimento mais valioso da economia é dispersado entre indivíduos: http://www.indiapolicy.sabhlockcity.com/debate/Notes/hayek_low.pdf
68 A tecnologia permite mais oportunidades ao que o economista-chefe do Google, Hal Varian, chama de "micromultinacionais": http://www.foreignpolicy.com/articles/2011/08/15/micromultinationals_will_run_the_ world
69 O processo de inovação normalmente depende muito da combinação e recombinação de inovações anteriores: http://qje.oxfordjournals.org/content/113/2/331.abstract
75 Artigo de Thomas Malone a respeito da era de hiperespecialização: http://hbr.org/2011/07/the-big-idea-the-age-of-hyperspecialization/
76 Curso online gratuito sobre inteligência artificial: http://www.ai-class.com/
76 MIT programa de Design de Sistema e Administração: http://sdm.mit.edu/
76 Khan Academy: http://www.khanacademy.org/
77 Visão de John Maedap sair de STEM e passar a STEAM: http://www.forbes.com/2010/04/08/john-maeda-design-technology-data-companies-10--keynote.html
78 Relatório de pesquisa de 2011 para a Kauffman Foundation por E. J. Reddy e Robert Litan: http://www.kauffman.org/uploadedFiles/job_leaks_starting_smaller_study.pdf
82 Trabalhadores habilidosos nos Estados Unidos costumam criar mais valor quando trabalham com outros trabalhadores habilidosos: http://en.wikipedia.org/wiki/O-Ring_theory_of_economic_development
82 Vistos dos fundadores no Canadá: http://startuovisa.ca/blog?page=2
82 A American Society of Civil Engineers dá nota D à infraestrutura geral atual: http://www.infrastructurereportcard.org/
83 Acabar com as demissões paradoxalmente pode diminuir a contratação: http://www.nber.org/papers/w2056

83 Impostos por poluição podem mais do que compensar pelos impostos de trabalho reduzidos: http://www.pigouclub.com/
84 Sonny Bono Copyright Term Extension Act: http://en.wikipedia.org/wiki/Copyright_Term_Extension_Act

Capítulo 5

86 Freeman, Dyson, *Infinite in all directions*, 1988: http://www.goodreads.com/books/show/320561.Infinite_in_All_Directions
87 Descobrimos que quanto mais tecnologia uma indústria tinha, as falhas de performance ficavam maiores: http://hbr.org/2008/07/investin-in-the-it--that-makes-a-competitive-difference/
90 Paul Romer escreve: "Toda geração tem notado os limites ao crescimento que os recursos finitos e efeitos colaterais não indesejáveis apresentariam se... nenhuma ideia nova fosse descoberta...": http://www.econlib.org/library/Enc/EconomicGrowth.html
90 David Leonhard afirma que quando Bill Clinton reuniu os homens mais inteligentes do país para discutir a economia em 1992, ninguém mencionou a internet: http://www.nytimes.com/2011/10/09/sunday-review/the--depression-if-only-things-were=that-good.html?pagewanted=all
91 Estudo feito pelo economista Robert Jensen: http://qje.oxfordjournals.org/content/122/3/879.short
92 A revista *The Magazine* escreveu que "sua difusão em países pobres não está apenas remoldando a indústria — está mudando o mundo": http://www.economist.com/node/14483896
92 O primeito GPT mudou tanto o mundo que de acordo com o historiador Ian Morris, "riu de tudo o que aconteceu antes": Morris, Ian. *Why the West rules — For now: The patterns of history, and what the reveal about the future.* New-York, Nova York: Farrar, Satrus & Giroux, 2010. Impresso.
94 The MIT Center for Digital Business (CDB): http://digital.mit.edu/